好课智造论

线上课制作

如何做出一门好课

王达峰——著

不论你是拥有高学历的学者，还是高人气的美食博主，都能通过各种各样的方式将自己擅长领域的经验和知识传播给大众。本书将帮助你轻松地做一门线上课程，打造受青睐的知识内容体系，从而为广大有知识却不知道如何实现其价值的课程创作者提供思路、策略及方法论指导。做课的实战内容包括如何构思一个有吸引力的课程选题，如何设计一个令人一见倾心的课程框架，如何充实引人入胜的课程内容，如何让用户有强烈的对象感，如何打造原创课程知识体系等多个方面。同时，为做课者提供了运营指导，帮助做课者更好地运营课程视频及账号，内容包括如何构建知识IP，如何打造课程短视频，如何处理课程的上架与推广，如何做课程的后期运营，如何录制和呈现课程等。做课者通过学习即可实现价值传播和知识变现的双赢。

图书在版编目（CIP）数据

线上课制作：如何做出一门好课 / 王达峰著. — 北京：机械工业出版社，2023.3
ISBN 978-7-111-72610-4

Ⅰ.①线… Ⅱ.①王… Ⅲ.①网络教学-课程设计 Ⅳ.①G434

中国国家版本馆CIP数据核字（2023）第027509号

机械工业出版社（北京市百万庄大街22号　邮政编码100037）
策划编辑：曹雅君　　　　　责任编辑：曹雅君　蔡欣欣
责任校对：史静怡　王　延　责任印制：单爱军
北京联兴盛业印刷股份有限公司印刷
2023年6月第1版第1次印刷
170mm×230mm・15印张・1插页・179千字
标准书号：ISBN 978-7-111-72610-4
定价：79.00元

电话服务　　　　　　　　　网络服务
客服电话：010-88361066　　机　工　官　网：www.cmpbook.com
　　　　　010-88379833　　机　工　官　博：weibo.com/cmp1952
　　　　　010-68326294　　金　书　网：www.golden-book.com
封底无防伪标均为盗版　机工教育服务网：www.cmpedu.com

PREFACE 前 言

　　知识付费已然成为当代人获取知识的重要手段。有研究显示，到2025年，我国知识付费行业用户数量将达到惊人的6.5亿，行业市场规模预计突破2800亿元。并且，经过多年的探索和实践，我国的知识付费行业已经形成了一个较为稳定且成熟的内容变现模式，这为我国知识付费市场的多样性和持续繁荣注入了一股新鲜且强劲的动力。

　　随着互联网产业的发展，线上付费视频课程逐渐成为知识付费的主要形式，越来越多的人也更倾向于通过线上视频学习。目前，得到、腾讯课堂、网易云课堂、喜马拉雅、樊登读书、量子大学、千聊等平台都设有比较完善的线上付费课程窗口，为内容创作者和消费者搭建了一个可以交流的平台，也为线上课程的价值实现创造了有利空间。

　　但是，光有舞台并不能保证知识付费赛道的繁荣。策划并创造一个好的知识类课程产品，才是赢得课程用户青睐的关键。我们可以看到，尽管目前线上课程的产品琳琅满目，从业群体也在不断扩大，但其产品质量却参差不齐，有很多优秀的老师以及他们有独到见解的课程并没能设计成一个有效的、符合需求的视频课程形式，导致其知识不能得到有效传播，进而无法实现变现。这对课程用户而言，是知识上的损失；而对做课者自身而言，是个人财富和IP流量的损失。

虽然目前关于如何打造线上课程的理论较少，但这并不意味着做课者就无法改变现状。实现课程质量的提升，还是有章可循的。为此，本书将从以下三点出发，为做课者技能的提升创造契机。

首先，本书涵盖了线上付费课程的各类要素，并提供诸多具象化的案例、工具和课程模型，能够为没有课程设计经验的行业新人和从业者提供有效变现的方法论指导。

其次，许多线上课的从业者苦于找不到制作爆款课程的方法。本书能够为正处于迷茫期的线上课程从业者提供更加出色的课程设计方案，以及一个更加系统和全面的课程推广、营销方案，帮助他们在提高自己的课程品质的同时，提升课程的销售量。

最后，本书语言形象生动，方法具体，案例充实，实用性强，并且书中包含许多生动的漫画和图表，图文并茂，具有很强的可读性和趣味性。在广大做课者学习做课理论的同时，也提升了获得感，使读者对如何做课有更加深刻的理解。

那么，究竟如何做，做课者才能设计出一门好的线上课程呢？

在《刻意练习：如何从新手到大师》一书中，著名心理学教授安德斯·埃里克博士提到，若要成长为某一个领域的杰出人物，一是要产生兴趣，二是变得认真，三是全力投入，四是开拓创新。这个成长路径同样适用于做课领域。如果一位做课者想要打造一门能够吸引众多用户的完美课程，首先必须要有强烈的动力、认真且专注的心态；并且他的课程要在某一方面独一无二，同时能够创造出新的方式解决人们的实际问题。这样的一门线上课程，才称得上是优秀的知识付费产品。

此外，《如何高效学习》的作者斯科特·扬认为，高效的学习首先要对知识的结构和模型进行梳理和了解，并用高效连接将知识关联起来（高速公路)。延展到做课领域,做课者首先要对自己的课程体系进行分析拆解,再找到合适的结构和模型进行重构,使之更加符合用户的学习步骤,使用户产生更好的学习体验。

基于以上观点,我们将在本书的做课实战篇中,通过课程选题、课程框架、课程内容、课程对象感等四个方面的介绍,对课程体系进行结构化和模型化的拆解,从而打造一门精品线上课程,具体内容包括课程选题要有吸引力,足够"吸睛";课程框架要能够解决实际问题,用户看一眼便能够戳中"心窝子";课程内容要充实,用户学完有获得感;课程对象感要强烈,要让用户直观地感受到课程是对着他在讲的。在创新层面,本书通过原创课程的探索,指导做课者使线上课程 IP 化,构建属于个人的知识体系,使个人的知识变得独一无二。

设计好一门课程,还不足以让知识高效传播。因此,本书的运营实战篇介绍了进行线上课程运营的原理和方法论,帮助做课者更好地推广和呈现课程内容,使课程吸引更多的有效用户,最终实现知识的传播和变现。

本书在阐述做课原理和方法论时,运用大量的案例、工具和课程结构模型,使知识更加具象化,阅读体感更具体和有趣;同时也能够让做课者在实际的做课过程中,更加便利地利用工具和模型,行动也更加得心应手。

我们希望通过阅读本书,读者不仅在做课能力上获得全面、有效的提升,也能够通过做课了解知识付费的本质,让自己在这个时代发亮发光,用自己的光芒照亮更多的人!

2023 年 2 月

CONTENTS 目 录

前言

做课实战篇

第1章 这是一个"人人为师"的时代 / 003

    1.1 知识付费赛道的海量价值 / 004
        树立做课的信心 / 004
        挖掘个体潜藏的知识 / 006

    1.2 将经验封装为社交货币 / 007
        社交货币：你的无形资产 / 008
        封装 = 经验 + 逻辑 / 009

    1.3 什么是一门线上课程 / 010
        线上课程的概念与 4 个层级 / 010
        免费课不是知识变现的金钥匙 / 012
        人人都能学会的小课模式 / 012

    1.4 KSA 模型：3 种课程类型 / 014
        常见的 3 种课程类型 / 014
        并非任何课程都适合"线上化" / 017
        不可小觑的技能类课程市场 / 019

1.5 把握做课的 4 个关键因素 /020
像"庖丁解牛"一样拆解一门课程 /021
线上好课的 4 个要素 /021

本章小结 /023

第 2 章 构思一个有吸引力的课程选题 /025

2.1 选题策划的 5 个方向 /026
选题不对，努力白费 /026
选题方向 1：想要做的 /029
选题方向 2：擅长做的 /030
选题方向 3：市场需要的 /032
选题方向 4：话题时髦的 /033
选题方向 5：有差异化的 /034

2.2 利用恰当的方法呈现课程选题 /036
凸显利益法：直接列出好处 /036
直面恐惧法：让用户产生危机感 /037
列举数字法：数据直切学员感受 /037

本章小结 /038

第 3 章 设计一个令人一见倾心的课程框架 /040

3.1 设计课程框架的 3 个要点和 3 个心得 /041
框架是一门课程的"命门" /041
设计爆款框架的 3 个心得 /043

3.2 案例研析：打造令人"一见倾心"的课程框架 /047

有"网感"的剪辑课框架 / 047
站在用户角度的亲子课框架 / 049
具象化的时间管理课框架 / 049

3.3 值得学习的 3 种框架模型 / 051
"解决痛点"型：权衡利弊，引出核心 / 051
"直切利益"型：简单明了，直入主题 / 052
"唤起共鸣"型：情感共鸣比什么都重要 / 053

3.4 提升课程"饥饿感"的 3 个窍门 / 055
罗列 3 种课程框架 / 056
善用副标题提升知识密度 / 056
切换时空厘清思路 / 057

3.5 警惕两个误区 / 057
切勿扮演大师、专家或通才 / 058
切勿照搬工具书的大纲 / 058

本章小结 / 060

第 4 章 充实引人入胜的课程内容 / 061

4.1 爆款课程内容的底层逻辑 / 062
好内容是理性与感性的结合 / 062
切勿追求没有深度的广度 / 064
善于用小案例发现大套路 / 066

4.2 4 个"1"拆解法 / 067
剪辑课和表达课的案例分析 / 068
Tips：知识颗粒——"积木式"做课 / 070

4.3 汉堡包引导法 /071
时间管理课和婆媳关系课案例 /072
Tips：创造新名词提升获得感 /074

4.4 SCQA 冲突点构建法 /075
SCQA 冲突点构建法的 4 个流程 /075
寻找幸福的课程的案例分析 /077

4.5 如何打造更高级的课程内容 /079
评判内容是否高级的两个维度 /079
3 个基本方法嵌套提升内容丰富程度 /080
用"搭积木"的方式打磨内容 /081

本章小结 /082

第 5 章 塑造强烈的课程对象感 /083

5.1 打造身临其境的课堂氛围 /084
将用户具象化 /084
"你好" > "大家好" /086
让用户听懂你的知识 /087

5.2 提升课程呈现力的底层逻辑 /088
"二八定律" /089
提升课程呈现力的 3 个维度 /090

5.3 展现课程的重要性 /091
冲突对比 /092
延展类比 /092

5.4 提升课程结构和内容的呈现力 /095
高手的"黄金三圈"：Why—How—What /095

		按照构建思路讲解内容	/ 097
		学会做小结	/ 098
	5.5	塑造强烈对象感的两个诀窍	/ 099
		反思：是否悟透课程	/ 099
		反馈：即时检阅做完的课程	/ 100
	本章小结		/ 102

第 6 章 探索原创课程的底层逻辑 / 103

    6.1 什么是课程 IP 化 / 104
        课程 IP 化的基石 / 104
        构筑课程 IP 的 3 个技法 / 106

    6.2 构思巧妙的"要素重构法" / 107
        拆解封装，精炼接口 / 107
        链条构建 + 数学思维 / 109

    6.3 宏大布局的"图形示意法" / 110
        嵌套图 / 110
        交集图 / 111
        关联图 / 111
        鱼骨图 / 112
        三角形 / 112

    6.4 精细巧妙的"矩阵思维法" / 113
        二维思维 / 114
        优势突出的二维矩阵 / 114

    本章小结 / 115

运营实战篇

第 7 章　定位知识 IP 个人模型 / 119

　　7.1　为什么要构建知识 IP 个人模型 / 120
　　　　构建知识 IP 个人模型的 5 个作用 / 120
　　　　由"货带人"到"人带货"的转变 / 122

　　7.2　如何构建抖音知识 IP 个人模型 / 123
　　　　IP 定位要围绕精准用户 / 123
　　　　构建抖音知识 IP 个人模型 / 124
　　　　IP 定位模型自测表 / 127

　　本章小结 / 127

第 8 章　课程短视频的内容构建模型 / 128

　　8.1　短视频内容构建的底层逻辑 / 129
　　　　击穿流量池 / 129
　　　　打造爆款内容的两个要点 / 131
　　　　创作知识型 IP 短视频的 4 种心态 / 133
　　　　短视频的第一句话 / 135

　　8.2　"智"造短视频的爆款选题 / 136
　　　　做人群垂直的选题 / 137
　　　　"三体坐标法" / 140
　　　　选题的创新 / 141

XI

8.3 短视频文案结构的"5步连环结构" / 143

"5步连环结构" / 143

案例分析"5步连环结构" / 147

本章小结 / 148

第 9 章 课程上架与系统对比分析 / 150

9.1 课程上架的 3 种主要链路 / 151

3 种平台的主要功能 / 151

3 种主要链路的关联性 / 156

9.2 入驻学浪的实操分析 / 157

个人入驻学浪的基本事项 / 157

课程上架的 3 个细节 / 159

课程更新的两个要点 / 160

9.3 入驻抖店和抖音橱窗的实操分析 / 163

入驻抖店的 5 个步骤 / 163

开通橱窗的步骤及 4 个条件 / 166

与 ICP 有关的注意事项 / 167

本章小结 / 169

第 10 章　3 种推广工具的数据分析与应用策略 / 171

10.1 课程的3种推广工具：DOU+、随心推和巨量千川 / 172

对课程推广工具概念的理解 / 172

做数据分析时必备的信念 / 173

10.2 DOU+ 的数据分析与应用策略　　/ 176
用 DOU+ 做数据分析的流程　　/ 176
以 DOU+ 手机端为例的数据分析策略　　/ 177

10.3 随心推的数据分析与应用策略　　/ 181
随心推的 3 个关键点　　/ 181
随心推的 5 个修正策略　　/ 182
随心推的注意事项　　/ 184

10.4 巨量千川的应用策略　　/ 185
开通巨量千川账号的 3 种方式　　/ 185
3 种开通方式的对比与应用策略　　/ 187

本章小结　　/ 188

第 11 章　建立知识付费赛道核心模型　　/ 189

11.1 击破课程短视频的 5 个"流言"　　/ 190
"流言"1：养号"秘籍"　　/ 191
"流言"2：潜在流量入口　　/ 191
"流言"3：内容被"限流"　　/ 192
"流言"4：培养传统电商思维　　/ 193
"流言"5：多刷平台　　/ 194

11.2 课程短视频账号的运营技法：以抖音为例　　/ 195
流量 = 内容 + 方法 + 勤劳 + 高效运营　　/ 195
以抖音为例的具体实操　　/ 196

11.3 建立爆款视频库　　/ 198
为什么要建立爆款视频库　　/ 198

播放量高的视频库 / 199

涨粉快的视频库 / 200

咨询多的视频库 / 201

转化率高的视频库 / 201

11.4 坚定 4 个运营心法 / 202

视频要更新 / 202

"爆款"需迭代 / 203

重复地转化 / 204

投放有技巧 / 205

本章小结 / 206

第 12 章 课程的录制、呈现与短视频剪辑 / 207

12.1 课程的录制与呈现 / 208

课程录制的器材选择 / 208

4 类课程拍摄技巧 / 210

多机位拍摄 / 215

12.2 剪辑短视频的 10 种核心技巧 / 216

5 步快速出片 / 216

3 种成片润色法 / 221

两个"大咖手法" / 222

12.3 多元剪辑手法的创作技巧 / 223

爆款视频的"二次创作" / 223

片尾剪辑详解 / 223

本章小结 / 224

线上课制作：
如何做出一门好课

做课实战篇

第 1 章
这是一个"人人为师"的时代

英国作家查尔斯·狄更斯在《双城记》里这样写道:"这是一个最好的时代,也是一个最坏的时代。这是智慧的时代,也是愚昧的时代。"

抛开这句话的时代背景和相对主义不谈,将其放入我们所处的这个互联网时代,我们会发现,这个时代带给了普通人一个开放的平台和众多的机会,让许多普通人的价值被彰显、被看到,得到了更多发光、发热的机会。

而知识付费赛道就存在众多这样的机会,如线上付费课程的创作。只要做课者制作的课程内容可以解决某一些人的问题,他的知识付费载体就存在相应的价值。可以这么说,这是一个"人人为师"的时代。

在人人都可以做知识付费的时代,普通人应该如何快速入局呢?

在本章中,我们将对知识付费赛道做基础性的了解。

首先,做课者需要正确理解知识付费赛道的海量价值。

其次,做课者还需要了解几类问题,包括:知识付费的概念,线上课程的分类,以及哪些人可以成为知识付费的老师。

最后,做课者应该清楚一门线上课程的 4 个要素是什么。

只有了解了这些基本的概念,做课者才能深入学习其他做课的知识。

1.1 知识付费赛道的海量价值

在当下，人们越来越重视专业技能和个人素养的提升，而获取知识的途径也越来越多。

需求决定市场。有公开数据表明，2022年中国的知识付费用户规模达5.27亿人。同时，也有越来越多的人逐渐意识到知识付费的深层价值。既然意识到了知识付费赛道的价值，我们该如何加入这条大赛道汲取营养呢？

答案是做出一门面向用户、有价值的好课程。

本节我们将立足于知识付费的市场趋势和红利，帮助读者树立做课的信心，以及如何去认识做课这件事情。

树立做课的信心

当你想学习一门新的语言，可以通过外语单词App进行学习，也可以在外语交互式对话App上与全球各地的学习者一同交流学习，或者花一些钱，找专门的线下培训机构进行学习。

除此之外，还有一种重要的学习途径，即通过线上课堂进行学习。

线上课堂不仅可以为学习者提供不同类型、风格、知识点的选择，还拥有能够媲美线下课堂的氛围、课时计划和师资力量，能较为有效地监督学习者按一定的计划进行学习，提高效率。

并且，线上课堂对于学习者的时间安排更为灵活，也具有更高的性价比。可以这么认为，线上课堂是当代许多想提高自身能力的学习者的不二选择。那么作为想踏入"做课界"的我们，应该如何开始行动呢？

做一门好课的第一步是树立做课的信心。

万事开头难。倘若要打造一门好的知识付费课程，让用户感受到其中的价值，并愿意为其买单，首先我们要对做课这件事情有信心。

我们思考一下，在自己的潜意识里，是不是总觉得做课是一件由专业的学者或老师做的工作，而下意识觉得这是一件很艰难的事情呢？尽管做课需要花费一个人许多的心血和精力，但这并不意味这是一件多么高不可攀的事情。

事实上，做课并没有你想象的那么难。我们将从两个方面来帮助做课者树立做课的信心。

其一，知识付费行业的兴起带给做课者巨大的做课红利。

数据显示，目前我国的知识付费行业处于高速发展阶段。2022年，我国知识付费市场规模将达1127亿元，预计2025年市场规模将达2800亿元。知识付费的市场规模不断扩大，说明行业红利巨大。

此外，线上课程的用户付费意愿也在增强。不用出门就能获取学习资料的知识付费形式，已然成为人们精神生活的最优选择，并逐步成为大多数人的学习习惯。

其二，在知识付费行业红利期内，线上课程平台给予进入者较高的包容度，呈现多样化的局面。

传统线下课程更多的是形式相对单一的、规模较为统一的课程，而线上课程呈现出百家争鸣的多元竞争态势。这种局面就犹如春秋战国时期不同学派不断涌现，并形成争芳斗艳的局面。

线上课程多元化不仅能够促进学习者全面发展，增长学习者的见识和丰富他们的精神世界，还能够给线上课程赛道的发展和演变提供积极的反馈，助力该赛道健康、可持续地发展。这些行业优势是许多传统知识付费行业所不能比拟的。

在知识付费赛道上，有不少有志于线上课程的做课者，把握住了时代红利，通过不断尝试和努力，创造出一门门与学习者息息相关的精品课程，为用户提供许多价值，同时也获得了自我价值。

作为一位新时代的做课者，我们应该紧紧抓住这些需求红利，为学习者做出有价值的知识课程，在传播知识的同时，努力且无畏地去实现自我价值。

挖掘个体潜藏的知识

做课者需要什么都会吗？当然不是！做课者并不需要样样精通。

人们常常对学习知识存在着某种误解，认为"人人为师"代表着什么都要会。然而，什么都会的人是不存在的，那是理想状态下的"圣人"。我们不必去思考如何当一个"圣人"，而是要去做一个愿意分享知识和经验的普通人。

在这个"人人为师"的时代里,做课不再是少数人的专长。它适合每一个想把自己的经验分享出去的人。互联网时代打破了大众对"老师"的传统认知,也赋予有心人更多的机会。

正所谓"三人行,必有我师焉"。相比传统的教育行业,在知识付费的赛道上,线上课程独有而强大的包容特性让更多的人能够参与进来,让更多的社会群体成为该行业的从业者。

做课者并不需要什么都会,只需要将个体潜藏的知识做成课程,那将是你独有的课程。《师说》有云:"生乎吾前,其闻道也固先乎吾,吾从而师之。"只要一个人有一技之长,有独有的知识和经验,并且这些经验是能够真正帮助其他人的,如帮助应试者掌握相应的考试知识,帮助职场人修炼执行力等,就能成为他们的老师。

无论你是一个开大货车的司机、一个送外卖的小哥,还是公司的文员,你都会积累相应的行业经验。

只要你想办法把这些内化的经验显化出来,你也能够成为某个小领域的老师。

1.2 将经验封装为社交货币

一门好的线上课程不仅仅是知识的载体,更是一枚无形的社交货币。如何将自身的经验封装为社交货币,是做课者需要思考的事情。

在本节中,我们将和大家分享这些方面的内容。

社交货币：你的无形资产

人们通过使用货币，可以获得相应的商品或服务。而社交是人的基本需求。通过社交，一个人可以获得社会关系及认同感，并建立起作为一个社会个体的信心。

结合这两个词语，我们可以总结出社交货币就是一个人在社交中拥有的"筹码"，能够让自身获得更多尊重、信任及社会认同感的事物。

我们使用社交货币可以获得什么呢？使用社交货币，可以获得大众的好评和积极的印象，从而帮助自身获取更多优质资源，并创造更多的社会价值。

一门好的课程可以成为自己专属的社交货币。在社交过程中，它会逐渐演变为你的无形资产。

做人最高的境界是把自己打造成"硬通货"。无论是在熟悉的社交圈中，还是在陌生的环境中，他人都能通过你的"硬通货"去了解你。社交是以信任为基础的社会活动，有了社交货币，我们在社交活动中也能更加得心应手。与此同时，人们也逐渐意识到社交货币对塑造个人影响力的重要性，如社交货币在职场中的价值等。

在职场里，个人的社交货币是一个看不见、摸不着却广泛流传在员工中的谈资。它可以彰显一个职场人的声望、组织能力、执行能力或创新能力，并扩展其人脉网络。既然社交货币如此重要，那么我们如何打造个人的社交货币呢？

做一门好的线上课程，就是赋予自己一份有价值的社交货币。

假如你是一位培训师，你策划并制作了一门好的课程，这门课程就犹如一张名片，能够帮助你在社交场合让别人快速认识你，从而塑造你的个

第 1 章
这是一个"人人为师"的时代

人影响力。

所以说，当你拥有属于自己的课程，你就拥有了这门课程所释放出来的影响力。那么课程就是你的社交货币。

封装 = 经验 + 逻辑

做课者需要明白，能够被用户接受的线上课程，是具有实用性质的知识和经验。而将经验用逻辑将其封装起来，是成就一门好课的途径。

每个人都有专属于自己的经验，把自己的经验拿出来跟别人交流的这个过程，就是将专属于你的经验封装成有价值的社交货币的过程。

关于封装，可以用一个公式表示，即"封装 = 经验 + 逻辑"，如图 1-1 所示。

图 1-1 课程的封装公式

那么，我们该如何理解这个公式呢？我们可以用生活中的案例来说明这个公式。

假如你是一位室内设计师，你有一位朋友正好在装修新居。当朋友问你房屋装潢的某个问题时，如：家具要如何摆放才显得美观？收纳区要如何布置才合理？你与他分享了一些自己工作中积累的零碎经验。

虽然这些分享出来的内容是你独有的经验，但却是没有对象感的零散知识，无内在逻辑。换言之，你分享了一些未经封装的经验。

此时，在这些独有的经验基础上，你利用室内设计与装潢的逻辑进行梳理，把这些室内设计的经验变成有可复制性、有普适性、可传播的知识性内容，这个过程就是封装的过程。

简单来说，封装就是将已有经验用相应的逻辑进行有效的包装。这时，你的经验不再是零散的，而具备了较为系统性的实用价值。适用的人群也更加广泛。

1.3 什么是一门线上课程

传统的课程是指将教育性经验总结起来的内容，能对教育对象产生积极影响。

传统课程包括教者（老师）、学习者（教学对象）、教学目标、教学方法、教学内容、教学过程、教学评价等要素，而线上课程则突破了这些要素的限制，用新的纽带连接教者与学习者。

在本节中，我们将学习线上课程的概念和要素；并让读者明白，免费的线上课程并不是创造价值的最好途径。同时，本节还将阐述小课模式是做课的最好选择。

线上课程的概念与 4 个层级

线上课程是指以互联网为媒介，以视频或音频为载体，有一定的目标、内容的教学活动。

互联网技术的发展，推动了线上视频教学的加速发展。相比传统的教学方式，线上视频教学具备很多突出的优势。

譬如，在时间安排上，学习者可以灵活安排学习时间；在教学方式上，学习者可以利用网络工具与老师和同学交流和讨论问题；在学习费用上，鉴于视频教育者无须支付场地等费用,在线教学的学习费用相对更少;从地域要求上看,在线教育突破了地域的限制,让世界各地的人都可以接触到相同的教学内容。

此外,线上课程还有一个特性:容易被广泛传播。

线上课程易于传播的特点,让其打破了时空的界限,使这种形式的学习方式受到越来越多的学习者的青睐。并且,基于线上课程易于传播的特性,它能够帮助做课者打造个人社交影响力,亦是一种有价值的社交货币。那么,如何界定一门线上课程是好是坏?

在这里,我们可以用4个层级来阐述课程的质量。这4个层级形成一座金字塔,从金字塔的底层到顶层,其内容分别是数据、信息、知识、智慧,如图1-2所示。

图1-2 由线上课程的4个要素构建的金字塔

我们在制作一门课程时,需要由浅入深将数据凝练成信息,将信息通过经验封装成知识,最后用知识延展成智慧,这样才能成为一门出色的课程。

免费课不是知识变现的金钥匙

一门好的课程能够为做课者提供知识变现的途径。并且,一门好的课程的变现过程并不是一次性的,而是长期的。当一门课程被生产出来后,我们需要不断对其内容进行更新和迭代。只有这样,才能保证这门课程紧跟时代发展的步伐,而不会落伍。而大量的制作工作和精心的维护都需要花费资源、时间和精力成本,为此,一门好课进行付费式订阅是合理且必要的。然而,在线上课市场上,有一类课程,它在向用户提供知识和经验的同时,也向他们敞开"零元购"的大门,这就是免费课。那么,免费课真的可以为用户提供他们所需要的价值吗?

事实并非如此。

大多数做课者总有一个思维误区,认为免费的东西无须优质。他们总会将粗制滥造的课程当作免费课,将制作精良的课程当作付费课程。毫无疑问,付费课程必须是优质的。但免费课就可以是粗制滥造的吗?

除了极少数内容相对优质的名师免费课,网络上大量的免费课程都是粗制滥造的,且没有营养。它们存在的目的更多的是引流,筛选真正愿意为与课程相关的其他产品付费的用户。

这些粗制滥造的免费课不仅扰乱了线上课的市场环境,给线上课用户带来诸多不便和烦恼,还不断消耗自身的信誉,而不会给自己带来潜在的付费用户。优质的免费课可以给做课者带来流量,扩大他的影响力;但粗制滥造的免费课只会适得其反,并不会带来收益。如果无法保证免费课的内容是优质的,那么做课者应该尽量避免推出免费课。

人人都能学会的小课模式

哪些人可以做课?用心观察世界和周边发生的事情并愿意分享自己知

识的人都可以做课。

每个人都拥有自己独有的经验和知识，这些独有的信息都将塑造出独一无二的课程。俗话说，"世上无难事，只怕有心人"。

只要做个"有心人"，并开启小课模式，做课的灵感将源源不断。

在做课这条道路上，我们需要对生活细心观察、体验并总结归纳。真正的老师必然是一个勤于思考、善于观察的有心人。为什么要做个有心人呢？因为世界变得太快，知识迭代速度太快。只有做个有心人，做课者才能持续学习，持续积累，持续迭代课程的知识。

做课者要有预见性，要学会做生活的有心人。很多不起眼的东西在你看见它的时候并不能对你有所帮助，但却在未来某个时间上临时需要它。因此，在日常生活中，我们多一份心思，就多一份积累，就多一笔财富。做课就如写作一样，需要日常的积累，才能创作出好作品，并对作品不断打磨。

然而，有些做课者，即便自身拥有不俗的知识和技能储备，但依旧难以着手做出一门好的线上课程。究其原因，有一种可能，就是做课者没有开启小课模式。

何谓小课模式？譬如，有很多人在教别人如何开抖店，如何利用剪映软件进行视频剪辑，以及面试官教别人如何在面试中做好自我介绍，等等。

只要把课堂知识变成一件具体而细微的事情，而不是震烁古今的宏论，那么，做课就会变成人人都能学会的事情。除了结合自己的工作，我们还可以结合自己的兴趣、爱好等来创造自己的"小课"。

譬如，企业管理者不仅可以做企业经营管理课，还可以做一门钓鱼的初级课程；企业的秘书可以做一门如何高效利用工作之外的时间的时间管理课程；出租车司机可以做一门如何短时间与陌生人聊上 10 句话的沟通课程。

只要把课程往小的方面想，那么人人都能做课。

1.4 KSA 模型：3 种课程类型

在创作一门课程之前，做课者首先要思考的问题是：一门什么样的课程是用户最爱听的？假如一门课程内容枯燥无味，即便知识再全面、再系统，也很难受人青睐；如果一门课程以问题导入，让用户带着思考去学习，那么，用户收获的将不仅仅是知识，还有学习过程中的乐趣。

在本节中，我们主要介绍有哪些课程类型，以及它们的特点，并建议大家在创作线上付费课程时，应选择哪类课程最为恰当。

常见的 3 种课程类型

在人力资源管理中，有一个 KSA 模型[一]，该模型能够评判员工在不同方面的能力。KSA 模型将人的能力分为以下 3 种：

[一] KSA 模型：在 20 世纪 50 年代后期，行为主义者、基于能力的学习的创始人、教育心理学家本杰明·布鲁姆（Benjamin Bloom）主导了学习分类法的创建，提出了三个学习领域，其分别是认知领域（Cognitive）、动作技能领域（Psychomotor）、情感领域（Affective）。认知领域包括知识、领会、运用、分析、评价；动作技能领域包括直觉、定势、指导下的反应、机械动作、复杂的外显反应、适应、创新；情感领域包括接受、反应，形成价值观念，组织价值观念系统，价值体系个性化。在经济学领域的实际应用中，人们逐渐将其演化为知识（Knowledge）、技能（Skill）、态度（Attitude），即 KSA 模型。

知识（Knowledge）；

技能（Skill）；

态度（Attitude）。

这里的知识是人在工作中需要掌握的理论知识，技能是完成任务时需要用到的工具或技能，态度则是工作中需要的思维、协调能力和心态等。表 1-1 所示，是 KSA 模型的具体表现。

表 1-1 KSA 模型的具体表现

类型	具体表现	举例
知识	脑海中的知识	苹果下落的原理是什么
技能	能够动手的方法或技巧	快速"涨粉"的起标题方法
态度	对事物抱有的价值观	我们应该豁达地面对失败

KSA 模型映射到传统课程上，则演变成了教学目标的 3 个维度，分别是知识与技能目标，过程与方法目标，以及情感、态度和价值观目标。

对于线上课而言，我们可以利用 KSA 模型将课程可以分为 3 类：知识类课程、技能类课程和态度/心态类课程，如图 1-3 所示。

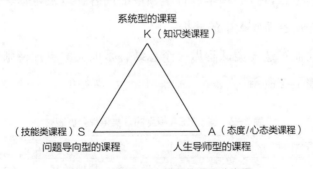

图 1-3 基于 KSA 模型的课程分类图

那么，这3类课程的具体内容是什么？又适合于哪些领域呢？下面我们对它们进行详述。

（1）知识类课程：是向人传授系统性知识的课程。

知识类课程具有系统化、逻辑性强等特点，这类课程可以帮助学习者建立起全面的、系统性的知识体系，但是授课的方式可能相对枯燥，不够生动。

大部分应试教育体制下，学校教授的课程就属于这类课程，如管理学、心理学概论等。

（2）技能类课程：这类课程往往以传授某个具体的、有实用价值的技能为教学目的。

它通常以问题导入课堂，让学习者带着疑问去倾听课堂内容，积极寻找解决问题的方法；同时，这类课程的选题倾向于某个细小的领域，而非整个宏观学科。此类课程通常将具体的行动方法和翔实的案例结合，内容针对性较强，授课的语言风格和方式也可以变得生动有趣，如5G时代短视频红利期玩法等。

（3）态度/心态类课程：这类课程通常是教人提高自身境界和修养的。

这类课程适合讲授心理学、哲学领域的内容，以及生活、情绪管理等话题，如怎样从容面对人生的挫折等。

最后，我们对这3类课程做一个总结，帮助大家更加清晰地认识它们的区别，如表1-2所示。

表1-2 基于KSA模型的3类课程分析表

课程类型	特点	适合领域	举例
知识类课程	逻辑性强、系统化	学术类、基础学科、宏观领域等	全面认识尽职调查

（续）

课程类型	特点	适合领域	举例
技能类课程	以问题为导向，以教授某个具体技能为教学目标	日常活动、商业管理学科、其他针对性较强的领域	8个技巧让中小企业从容应对法律尽职调查
态度/心态类课程	感性认知占比大、人生导师型内容	心理学、生活类、哲学等	如何成为更好的自己

基于KSA模型的3类课程各有特点，适合的领域各不相同。

作为一个线上课程创造者，你觉得我们应该给学习者讲授一门什么样的课程呢？是知识类课程，还是技能类课程，或者是态度/心态类课程？接下来我们来具体分析。

并非任何课程都适合"线上化"

课程是现代教育的具体表现形式。教育从原始社会的言传身教、在劳动中进行，到现代的课程化、专门化、多样化，经历了无数次的迭代和变革。而不同类型的课程适用于不同的环境及教学目的需求。

在互联网产业快速发展的今天，究竟怎样的课程才是最好的线上付费课程呢？有人说，知识类的课程能够最大限度地为用户提供全面、系统的知识体系，是我们应该去尝试的方向。对此，我不置可否。诚然，倘若学习者求知欲旺盛，知识类的课程的确能够帮助他们完善自身系统性的知识体系，使其在如饥似渴的状态下完整地学习并学有所成。但如果我们将求学环境置于当下，则应另当别论了。

现在是一个信息爆炸、知识呈"指数型"增长的时代，各种纷繁的知识充斥在我们周围，等着我们去攫取。

现在的学习者更多的是在甄别知识，而非不顾一切地攫取知识。换句话说，如今的学习者已经不像过去那般对所有未知的事物怀有强烈的好奇心了。他们的学习是带有目的性的，更期望获得一些能够快速学成，并立即付诸实践的知识。学会了这样的知识，他们才能在现代社会的商业活动中更加高效地运用知识，并创造出实际价值。

图1-4所示是过去和现在人们对学习知识的态度对比。

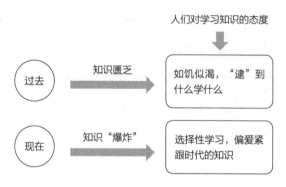

图1-4　过去和现在人们对学习知识的态度对比

那些没有针对性的知识让学习者感到味同嚼蜡，即便他们去学了，也没有多少"施展拳脚"的地方。所以就这点来说，知识类的课程并不适合用来做线上付费课程。那么，态度类的课程适不适合做线上付费课程呢？虽然态度类的课程能够给学习者带来心灵的感化和力量，但并不能让他们得到具体的改变现实的工具或技术。这就好比你想拜师学艺，但你的老师总是和你讲要有耐心，要有信心，却不传授给你真正的技艺。

从本质上讲，它和知识类的课程是差不多的，都无法让一个学习者获得真正上手实操的技能。故而态度类的课程也不适于"线上化"。

事实上，能够吸引大量用户学习，并能为创作者创造价值的线上付费课程，大部分都是技能类的课程。

不可小觑的技能类课程市场

随着我国社会行业竞争压力日益增大和信息技术水平的不断提高，终身学习成为越来越重要的社会特征，社会的职业分化也提高了对个人技能的要求。

特别是职场人，如果想在越来越激烈的职场竞争中拔得头筹，必须强化自身的各类技能。因此，在线上付费课程市场上，有越来越多的技能类课程出现。据国内某线上课平台发布的《2021年终身学习报告》，在该平台上，PS、Python、CAD这类提升实用技能的课程的市场需求量很大，占据课程搜索榜的前3名。

而腾讯课堂最受欢迎的10类课程中，有8类都是实用技能类课程。互联网运营、Java开发、建造工程、平面设计、技工技能等都是相当受欢迎的技能类课程，如图1-5和图1-6所示。用户也十分愿意购买付费技能类课程，如用户购买IT/互联网类课程的人均年消费额达3337元。这表明技能类课程的市场容量大，前景不容小觑。

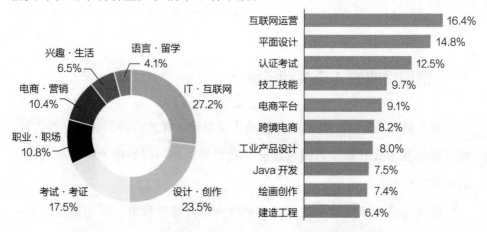

图1-5　2021年某线上平台用户学习类目偏好占比图　　图1-6　某平台最受欢迎的10类二级课程在所有受欢迎课程中的占比图

另外，当今社会生活的快节奏，使人们的时间被分割得更加零碎。人们的学习方式也更加趋向于"碎片化"，如乘坐地铁时阅读公众号文章，午休前利用10分钟学习新的知识等。

这种碎片化的学习方式适合学习一些小技能，以解决生活或工作中的某个特定问题；但是不适合学习系统化的知识。

所以，很多小型实用技能类课程应运而生。我们在做课时，同样需要注意到这一点，人们更喜欢一些具有实用价值的知识。作为线上课程的创作者，我们应该着眼于工作和生活中的小问题，寻找独特或有效的解决方法，将其知识化、框架化，然后进行线上课程的创作。

"终身学习"方式的推广和人们学习形式的"碎片化"，使得技能类课程的市场前景一片光明。

重视技能类课程的市场前景，跟紧知识付费的时代大浪潮，而不是逆向而行，我们才有可能创造出真正的价值和财富，制作出一门好的课程。

1.5 把握做课的 4 个关键因素

对于做课者而言，我们需要正确认识到什么样的内容和课程是好内容、好课程。在正式开始学习做课之前，我们要清楚一门好课的标准和应具备的要素有哪些。

做课者只有知道这些内容，才能树立做好课的标准，并完整地做出一门生动、有价值的课程。接下来，我们将进入本节的学习。

像"庖丁解牛"一样拆解一门课程

我们都听说过"庖丁解牛"的故事。庖丁分解一头牛的过程游刃有余:"手之所触,肩之所倚,足之所履,膝之所踦,砉然向然,奏刀騞然,莫不中音。"他"宰牛"的技艺之所以如此熟练,是因为对牛的生理结构了然于心。

同样地,我们可以通过对一门好课进行"拆解",了解一门好课是什么样的。如何拆解一门课程呢?课程拆解像是"庖丁解牛"一样,把课程由里到外进行有机拆解,而不是切分成一段一段的。就如同传统线下课程分为教学对象、教学目标、教学方法、教学内容、教学评价等课程要素,我们也可以将创造一门线上课程的过程凝练为 4 个要素。

线上好课的 4 个要素

一门线上好课通常都具备以下 4 个要素:

有吸引力的课程选题;

令人一见倾心的课程框架;

引人入胜的课程内容;

强烈的对象感。

接下来,我们将像"庖丁解牛"一样,对它们进行拆解分析。

(1)有吸引力的课程选题。

对于一门线上课程而言,一个"有吸引力"的选题能够迅速抓住用户眼球。选题选对了,就等于成功了一半。何为"有吸引力"的选题?"有吸引力"的选题无非有两种。

其一，用户感兴趣但暂时无人讲明白的选题。面对这种选题，做课者需要寻找不同的视角去进行观点的表达。

其二，有"即视感"的选题。何谓"即视感"？"即视感"是指遇到某个场景时，脑海能够有种似曾相识的感觉，但实际上未曾经历过。而有"即视感"的选题就是能够让人产生"见标题如见文"感觉的选题。

一个"有吸引力"的选题给人一种"心痒难耐"的冲动感，能够"拉着"用户去学习里面有价值的内容。

需要注意的是，做课者要避免成为徒有其表的"标题党"。

（2）令人一见倾心的课程框架。

俗话说，过饱伤人，饿治百病。从生理上来说，适度的饥饿对人体是有益处的，能够让大脑保持一定的活跃度。同样地，在学习上，保持适度的"饥饿感"，能够让用户对知识产生兴趣和求知欲。

对于一门线上课程而言，课程的框架是最适合用来提升用户"饥饿感"的地方。做课者可以从课程的提纲和目录上下功夫，使用户在浏览课程简介时，能够激发兴趣。

（3）引人入胜的课程内容。

用户在学习线上课程的过程中，更多的是希望学到轻松、有趣的知识，而不是晦涩的、使自己内心焦虑的课程内容。因此，线上好课的第3个要素是要具备引人入胜的课程内容。

做课者在创作课程内容时，可以使语言风格适度活跃一些，避免像某些专业工具书或教材那般严肃。但生动有趣的课程内容并不意味着课程的质量会有所降低。我们需要通过生动的比喻、时髦的案例使理论和"干货"变得丰满。

（4）强烈的对象感。

是否有强烈的对象感也可以评判一门线上课程的好坏。

当你的课程有明确的目标群体，并且从许多方面都考虑到了如何将有价值的知识传授给目标群体时，那么这门课程大概率会是一门好课。因此，在做课的时候，你一定要想清楚你的内容想讲给谁听，要将用户群体具象化。

你可以想象用户就站在你的面前，你要让用户能听得懂我们的课程内容，并且愿意听下去。同时，你还要让用户有身临其境的感受，听的时候有代入感。当你的课程有强烈的对象感时，这门课程就更加容易受到用户的喜爱。

如果一门线上课程集合了这4个要素，就能够让这门课程显得丰满而立体，使其"有血有肉"。好课要有"血"，指有贯穿内容的底层逻辑链条；有"肉"指课程需要有价值的内容。一门好课就如同一篇好文章，它不可能是干瘪的，而是具有号召力和感染力，能够引起用户的情感共鸣；同时，词句精简却有力量，输出的知识丰富且价值高。

在本书的第2~5章，将对有吸引力的课程选题、令人一见倾心的课程框架、引人入胜的课程内容、强烈的对象感等4个课程要素做详细的阐述，帮助大家深入了解做课的本质。

本章小结

1. 在这个"人人为师"的时代，我们要树立起做课的信心，相信通过自己的特长和能力，能做出一门好的课程。
2. 在建立起做课的信心之后，我们要用自己善于观察的双眼去洞悉符合时代潮流的知识。用好你的无形资产，让你的经验转化为有用的社交货币。

3. 一门好课的 4 个层级：数据、信息、知识和智慧。它们层层递进，缺一不可。不要把精力都花在线上免费课上。

4. 你的知识并非一定要有权威性。放大自己的价值，可以将自己擅长的"副业"做成具有实用性的"小课"。

5. 基于 KSA 模型，可以将课程分为 3 类：知识类课程、技能类课程和态度/心态类课程。做线上付费课程时，少考虑系统性的知识类课程，多考虑问题导向型的技能类课程。

6. 把握做课的 4 个要素，让你做出一门好课。这 4 个要素分别是：有吸引力的课程选题、令人一见倾心的课程框架、引人入胜的课程内容以及强烈的对象感。

第 2 章
构思一个有吸引力的课程选题

在图书出版中,选题是对即将出版的图书的整体构想,它确定了一本图书的思想高度、内容深度和整体基调,是图书编辑工作的"基石"。

一个出色的选题犹如彤云密布的天空中的一缕日光,为一本图书的编撰照亮了思维迸发的空间。而对于一门线上课程而言,一个极具诱惑力的选题,能够给人一种"心痒难耐"的冲动感。

在本章中,我们将学习如何构思一个有吸引力的线上课程选题。所谓有吸引力的选题,就是能让学习者在浏览网页时,一下子就看到的东西。

首先,我们从 5 个角度明晰选题的方向。

其次,利用凸显利益法、直面恐惧法、列举数字法 3 种方法,告诉大家如何呈现选题。

同时我们将结合丰富、生动的案例,来阐述如何吸引观众的注意力。聚焦实际问题,从选题上就抓住观众的注意力,让观众对这门课程有更高的期待值和收获感。

2.1 选题策划的5个方向

古希腊哲学家柏拉图说过,良好的开端等于成功的一半。而选题策划作为线上课程设计的第一项工作,是课程内容的指引,关系到未来观众群体的类型和数量。

在本节中,我们将学习如何制作一门具有吸引力的线上课程,介绍应该如何确定选题策划的方向,使观众看到线上课的名称和大纲,就有学习此门课的欲望。

选题不对,努力白费

一门课程在前期设计时,如果有一个出色的选题方向,就相当于这门课程所能俘获的听众将增加一倍!

这就犹如一篇文章拥有一个吸引读者的主题,遵循着这个主题去取标题、写内容、举例子,才会让这篇文章更有价值。但如果课程的选题出了问题,课程内容将会索然无味,变得不那么有吸引力。这不仅会使你的作品淹没在茫茫的课程"大海"中,还会让你对做课这件事情产生怀疑,动摇自己的自信心,进一步影响做课的效率,形成一个不断积累不良反馈的恶性循环。

那么,一个线上课程作者在构思选题时,会误入哪些错误的选题方向呢？一般会有以下 3 个方面。

（1）课程选题太大、太"泛"。

一个实用的选题，往往是精而细的，往往是专攻某一个领域。如果选题太过宏大，则会出现自己的知识储备跟不上课程内容讲解的问题，最终只是"大题小做"。要明白，一个课程作者其实并不是一个大师，一个课题讲得太过宏大，听众会觉得"水分"太多，稍微挤一挤就没多少东西了。

比如，将学习英语的课程设计为"如何学好一门英语"，如果作者在英语界没有极为权威的地位，可能观众数量寥寥无几；而如果将课程设计为"3 天时间：英语四级词汇全通关"，那么就能一下子抓住了核心的学习群体——为四级英语考试苦恼的"学生党"。

所以在构思线上课程的选题时，千万不可太过宽泛。

（2）课程选题过于陈旧，甚至"过时"了。

选题陈旧也是许多做线上课的新手在选题阶段时常遇到的问题。有些线上课程的选题，过去已经有无数人做过了，很多人对这些概念已经熟稔于心了，这些概念也已经被普遍应用，没有必要一遍一遍地重复，放到网络上去烦扰学习者。

比如，讲解"管理"的概念，在十多年前可能会受到许多职业经理人的追捧，但现在扫盲阶阶段已过，只会让人们无视。因此，做课者要远离陈旧的选题。

（3）课程选题的竞争赛道激烈，同类同质的产品多如牛毛。

你在构思线上课的选题时，不妨先到主流的线上课程平台搜索相关性强的话题。假如观点相同的课程能排上好几行，甚至好几页，那么，此时该警惕是否有做这门课的必要了。

比如，关于如何拍摄好抖音短视频的课程，一个课程平台就有几十种。如果做课者不深入了解其他课程的内容，就很容易造成同质化，失去竞争优势，最后学习者寥寥无几，收效甚微。

除了以上这些线上课选题误区，其实做课还有许多其他误区，如选题太偏、太抽象、太理想化、太难等。

做课新手在进行选题策划时，要考虑自己的知识如何匹配课程内容，并且避免这些误区。否则，就算你的内容再精致、再有趣，也难以俘获观众的心。正所谓"选题不对，努力白费"。那么，做课者应该如何构思一个有吸引力的课程选题？

这里有5个行之有效的选题方向可供参考，分别是：

①想要做的；
②擅长做的；
③市场需要的；
④话题时髦的；
⑤有差异化的。

前3个选题的方向，我们可以借助一幅图，让这些选题方向之间的关系更加明朗，如图2-1所示。

图2-1　3个基本的课程选题方向

在图 2-1 中，包含 3 个圈。这 3 个圈是有交集的。

做课者可以优先考虑自己的选题是否符合以上这 3 个选题方向，并且判断自己的选题有没有与上面任意 2 个圈有交集。如果有交集，说明构思出来的选题是十分成功的；如果与以上 3 个选题方向都有交集，那么请相信，这个选题你一定要去做！

做课者的选题方向，要么是做课者自己想做的，要么是自己擅长的领域，要么是市场有刚需的。如果在构思课程选题时，能够在这三者当中找到交会点，那这个选题就更有做课的价值了。

选题方向 1：想要做的

在构思线上课程的选题时，大家可以做自己想要的课程。比如，基于爱好或者目前工作的岗位技能等，再或者是自己的某些独特的信息及资源来设计一门课程。

案 例　　行业最新信息分析

假如某人在某个大型企业里工作，通过一些工作渠道，该人了解了相关行业内的某些消息，如某些算法是基于哪些底层逻辑得出的。而这些信息是业界的新观点、新知识，对于大部分人而言，它们是新颖的、未知的、有探索价值的知识。那么他就可以利用这样的"信息差"，去设计一门能够面向大众或某类群体的课程。

关于这个课程的选题方向，由于每个人的工作背景、相关资源不尽相同，所以，大家可以结合自己的实际情况来分析。

选题方向2：擅长做的

第2个选题方向是擅长做的选题。在前面几章中提到过一个观点，也是做课者应该牢记于心的，即不要总想着从自己的"主业"去找自己擅长的选题。大家可以在"主业"之外，基于"副业"入手，找到自己擅长的选题。

案例① 宝妈宝爸的拍娃技巧

假如有一位宝妈平常喜欢摄影活动，尤其喜欢拍摄自己的宝宝的各类生活瞬间，并且对摄影技巧有一定程度的了解。在日常的闲暇时光里，浏览着一张张精致的照片，心想着如何利用自己的特长去做一件有意义的事情呢？

这时她就可以设计一门这样的线上课程——宝宝5岁前一定要拍下的10类相片。这门课程不用太长，就用3节课的时间，谈谈宝宝在5岁前，妈妈一定要拍下并保存下来的10类相片。

这样的课可以很容易地吸引宝妈宝爸的关注，让宝妈宝爸群体中对摄影感兴趣并且不太懂摄影知识的人来学习这门小课。

第2章 构思一个有吸引力的课程选题

或者你还可以将这门小课的名称设计为"如何做一个会拍娃的妈妈"或"爸爸再忙也要学会的家庭摄影技巧"等。这就是一个宝妈基于自己喜欢拍孩子而得出来的经验，再加上恰当的信息封装，就成为有用的知识。

案例② 秘书统筹工作的窍门

倘若某个公司的秘书想通过做课的方式分享自己的工作经验，此时又应该如何构思一个课程选题呢？

首先，他可以基于工作特点进行分析，如回想一下这份工作需要做的是什么事情呢？

秘书日常的主要工作有：整理会议记录、接待高级访客、辅助总经理进行公司的决策、协调各部门和管理者的关系等。在工作中，肯定会碰到一些难题需要去解决，比如，庞杂的数据要如何分类整理，要如何周旋部门之间的博弈和较量，等等。

在这些问题上积累了一定的工作经验时，就可以将这些经验总结起来去做一门关于秘书工作的小课。

每节课的标题可以为：

"如何高效地做好一次会议记录"；

"如何利用好零碎时间统筹工作"；

"如何协调领导与部门之间的工作部署"等。

这些内容能够在分享自己工作经验的同时，帮助其他岗位学习者提升自身的能力。这是非常可取的选题方向。

以上的案例就是基于自身擅长的领域，构思一个课程选题。这样的选题可能来源于自身兴趣，也可能来源于正在从事的某个岗位的经验。选择擅长的方向做课，能让做课的过程中轻松一些。

选题方向 3：市场需要的

那么，做课者的第 3 个选题方向是什么呢？做课者可以根据市场需求，设计一门课程的选题。如何根据市场需求构思课程选题呢？可以通过抖音的案例来理解这个问题。

案 例　　　　与抖音相关的市场刚需

当大家翻开一个线上课应用，能发现有众多诸如"企业如何做抖音号"等的课程。在这门课程里面老师讲解了企业如何注册、管理抖音账号等内容，这是市场刚需。

假如你开了一家卖衣服的抖音小店，随后又开了一家卖鞋的抖音小店，你需要进行抖音多店铺的管理。这时，你就可以通过上面的课程，去学习如何进行抖音多店铺的有效管理，这也是市场刚需。

2021 年下半年，抖音还推出了图文激励计划，旨在推动更多人参与到抖音的内容建设中来。于是有些人开始进行"头脑风暴"，着手设计相关的课程，如"如何赚取图文计划的流量红利"等。

在拍摄抖音短视频时，需要了解各种拍摄技巧。这时，就会有人想着做教别人如何拍摄短视频的小课，如"不求人，自己学会短视频拍摄技巧"等。

某个兴起的市场有许多空白和需求需要去填补，做课者要学会利用自己的慧眼，去发现这些空白和需求。利用自己的经验将其打造成符合这些市场刚需的知识，去服务他们，成就自己。

选题方向 4：话题时髦的

除了以上 3 种选题方向，还有一类选题也是比较有价值的。这类选题一般是话题时髦的热点时尚类选题，如某类时事热点和话题人物等，其在某一时段内的热度和关注度会比较高。

凭借着这股流量红利，做课者可以结合自身的优势，构思一个与此相关的课程选题。

案例① 　　　　　某知名滑雪运动员与睡眠管理

在 2022 年北京冬奥会上，某知名滑雪运动员凭借自身的强大实力和开朗的性格火遍全球。该知名滑雪运动员在社交平台上分享自己能够一直保持稳定状态的原因是保证充足的睡眠，并且做自己喜欢的事情。

一夜之间，"××每天睡 10 个小时"等的话题火了。

之后，有许多讲养生类的课程就会专门提到改善睡眠质量的方法，或者有一些做课者干脆直接做一门关于"如何提高睡眠质量"的小课，而且卖得还不错。

案例② 　　　　　　某主播与健身操

在 2022 年 4 月，某主播凭借自己编排的一套健身操火爆全网。在健身视频中，他用自己激情洋溢且"魔性"的解说，配合歌曲的强烈节奏和复杂的健身操动作，和正在看视频的人一起做健身操。无数人被其吸引，开始注重个人身材管理和运动管理。

于是，与健身、运动、身材管理相关的话题一度成为热点。"如何有效、合理地进行健身运动""如何保持个人体脂率"等选题，就能够成为线上健身塑形课的选题方向，从而吸引更多的健身爱好者前来学习。

上面的 2 个案例，都是与当下热点相关的话题相结合，进行线上课的选题构思。大家在利用热点时，更多地不是去谈论热点事件本身，而是巧妙地将其融入课程的知识当中，以此来吸引一部分流量和学习者的关注，以此让观众来学习课程中的知识。

选题方向 5：有差异化的

最后，还要补充一个选题方向，叫作有差异化的选题。

有差异化的线上课选题应该如何找呢？做课者需要记住一个金句：在交叉中找到聚焦点。如何在交叉中找到聚焦点呢？这里有 3 个考虑的角度，如图 2-2 所示。

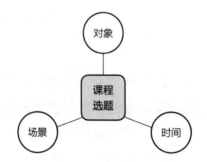

图 2-2　构思差异化选题的 3 个角度

在图 2-2 中，体现了 3 个交叉，第一个是与对象交叉，第二个是与场景交叉，第三个是与时间交叉。

接下来，我们通过一个穿搭案例，来具体阐述如何与对象、场景、时间交叉，从而找到聚焦点。

案 例　穿搭课程的对象、场景和时间

假如一位时尚博主擅长时尚穿搭、色彩搭配等话题。他正在设计一个帮助别人进行穿搭的课程。那么，要如何构思课程的选题呢？

首先，可以在对象上进行差异化设计。

一般而言，穿搭的视频更多的是面向女性群体或年轻的男性群体，似乎女性、年轻和时尚穿搭才是强联系。但这也造成了时尚穿搭的视频内容清一色都是面向这类群体的，即对象缺乏差异化。此时，另辟蹊径，构思一个针对职场中青年男性的穿搭的课程选题，将课程的对象聚焦为中青年男性群体，课程名称就叫作"32岁的成熟男人如何穿出时尚感"。比如，第1节课教别人如何搭配衣裤，第2节课讲色彩搭配，第3节课讲细节和品位，等等。

也可以选择围绕儿童的穿搭技巧构思一个课程选题，课程的目标群体是宝妈，课程名称可以叫作"儿童衣着的个性穿搭法"。总之，在自身擅长的领域，做到与大多数的选题在对象上有差异化。

其次，要学会在场景上找到与其他课程形成差异的聚焦点。

我们同样以穿搭为例。比如，以面试作为场景，针对不同人群、不同职位、不同性别、不同企业文化，设计一门叫作"5种永远不会出错的面试穿搭法"的课程等，这门课程的对象群体可以是刚步入社会的大学生，也可以是准备进入品牌大厂的IT从业者，也可能是考公务员的人群，等等。

最后，要针对时间寻找差异化的选题。比如，同样是穿搭，课程可以设计为"换季时应该如何穿出时尚感"等。

在构思差异化的课程选题时，可以从对象、场景、时间上入手，找到自身所长与他人不一样的地方，然后聚焦这个地方，去构筑框架，填充内容。

2.2 利用恰当的方法呈现课程选题

当我们已经确定了课程选题的构思方向，就应该通过恰当的方法表现出来。那么，有哪些方法能快速且有效地吸引学习者呢？在本节中，我们将学习呈现选题的 3 种方法，分别是：凸显利益法、直面恐惧法、列举数字法。我们将一门有价值的课程通过这几种方法呈现出来，让别人一看到这类课程的标题或者大纲，便想了解其中的内容。

凸显利益法：直接列出好处

所谓的凸显利益法，就是将这门课程的好处直接列举出来。

大部分人都有一种价值概念，即会着重关注与自身利益相关的事物，这是一种本能。做课者需要去把握人的这种心理。如何利用这种方法设计课程标题和大纲呢？我们可以给出一个简单的案例。

案例　　　　　　　　下属的会议记录

假如做课者是一位职场人，经常要统筹公司的各种会议。在举行会议的过程中，需要协调各部门的时间安排、确定会议流程、做好会议记录工作等。而这门小课的学习者，最希望获得的知识就是提高会议效率的具体方法，以取得领导赏识和提升绩效表现。

在设计课题时，可以这样考虑："做一份让领导拍案叫绝的会议记录""安排一次助你提升绩效的会议"等。这样的课程设计，能够吸引那些亟须这些知识的职场新人。

把学习这门课程的好处直接列出来,让别人一下子便能知晓学习这门课程的好处,这就是凸显利益法。

直面恐惧法:让用户产生危机感

什么叫直面恐惧法?做课者可以从事物的反面,让受众警觉事物的不良影响,从而勾起受众的听课欲望。比如,亲子沟通的课程,我们可以这样设计课程的副标题或文案:"没有好的亲子沟通,就不会有良好的亲子关系"。

从不做亲子沟通的角度,说明问题的严重性,暗示父母与孩子的关系将会变得紧张,让他们产生危机感,从而促使父母群体去学习这门课程。

列举数字法:数据直切学员感受

列举数字法,从字面意义上来说,这种呈现课程选题的方法就是直接将课程内容的具体数据列举出来。

这种方法在营销领域十分常见,在图书、视频课程的标题和宣传中也普遍存在。比如,"让你再也不会怯场的10种演讲方法"、"创业的12条军规"等。这种方法能够让受众直观地了解这门课程将会讲到哪些内容，使做课目的一目了然。

以上 3 种方法是在构思课程选题的时候常用到的提升吸引力的方法。其他的方法还有很多，如比喻法、重复法、夸张法等。我们可以将以上所有方法汇总，如表 2-1 所示。

表 2-1　常用的构思课程选题的方法

序号	方法	举例
1	凸显利益法	10 分钟做出让领导拍案叫绝的会议记录
2	直面恐惧法	不会与孩子沟通，再好的教育方法都无效
3	列举数字法	告别怯场的 10 种演讲方法
4	比喻法	让炒菜像烧开水一样简单的实用烹饪法
5	重复法	简单！有效！简单有效的身材管理方案
6	夸张法	爆款套路：让文案变成"印钞机"

做课者在构思自己的课程选题时，可以根据课程的具体特点，结合使用以上的方法，拟定课程的标题和大纲，使课程散发出美好的气息，让观众一眼相中你的课，并被课程内容所吸引。

本章小结

1. 在构思线上课程的选题时，要避免 3 种错误：选题太宽泛、选题过于陈旧、同质选题过多。

2. 要把握的 5 类选题方向：想要做的、擅长做的、市场需要的、话题时髦的和有差异化的。

3. 想要做的、擅长做的和市场需要的选题，是 3 种基本的选题。如果自己的选题在 3 个基本方向中，存在 2 个或 3 个交集，那么这个选题将十分有价值，值得一做。

4. 话题时髦的选题可以结合当下的热点人物或事件，有差异化的选题要从对象、场景、时间3个方面进行考虑。

5. 呈现一个优秀选题的3种主要方法：凸显利益法、直面恐惧法、列举数字法。

6. 凸显利益法要把好处摆到台面上；直面恐惧法要让受众产生危机感；列举数字法要将课程的具体数据说清楚。

第 3 章
设计一个令人一见倾心的课程框架

俗话说,规划是行动的保护伞。在行动之前,有一个合理的整体规划十分重要。课程开发就好比建房子,在开始动工之前往往需要一张设计图纸。课程的框架就如同房屋的设计图,需要在填充内容前就搭建好。唯有如此,才能对行动有一个整体的把握,让后续行动有条不紊地进行。

在第 2 章中,我们已经学习了如何设计选题。接下来,我们将开始学习如何设计课程框架。毕竟,如果没有一个能够留住用户的课程框架,很有可能就白白浪费掉一个出色选题。这是一件十分遗憾的事情。那么,什么样的课程框架才能够留住用户?什么样的框架才称得上是一个好的课程框架呢?答案是令人一见倾心的课程框架。

所谓令人一见倾心的课程框架,就是让用户在课程学习的过程中对未知的知识保持一种饥饿的感觉,正如乔布斯所言:"求知若饥,虚心若愚。"这种对知识渴求的状态,正是我们希望给用户带来的"饥饿感"。

在本章中,我们将通过案例分析去理解框架的构造,并提供 3 种可操作的框架模型,为大家解决如何设计属于自己的爆款线上课程的框架。

最后,我们还为大家提供了需要避免的 2 个常规误区,少走弯路。

希望通过本章的学习,使做课者能够掌握如何利用框架,让目标用户对线上课程有"如饥似渴"之感。

3.1 设计课程框架的 3 个要点和 3 个心得

一门好的课程，不仅仅是知识的堆积，更是对知识的组织方式进行设计，即课程框架的设计。一个好的框架能够让我们在课程制作时运筹帷幄，决胜于千里之外。在本节中，我们将对设计课程框架的 3 个要点和 3 个心得展开阐述，帮助大家厘清线上课程框架的底层逻辑。

框架是一门课程的"命门"

一门课程的框架犹如一个人的骨架，支撑起这门课程的"血肉"。失去了坚实的框架结构，那么这门课程必定软弱无力，对用户而言是缺乏说服力的。对于一门线上课程而言，它的大纲、每节课的标题和内容简介构成了课程的框架。

那么，框架的设计要点有哪些呢？我们将其总结为 3 点：抓住用户的底层需求、过滤刻板的系统性框架、设计问题解决型框架。

（1）抓住用户的底层需求。

课程是为用户而设计的，而不是为了满足自我的分享欲望。因此，我们在制作课程的时候，首先需要思考的不是我们想分享什么，而是用户真正需要的是什么。在明白课程是为用户需求而设计的前提下，我们需要研究课程用户及其需求。

如何才能找到课程用户真正的底层需求？要做到这一点，并不是一件容易的事情，因为哪怕是用户本人，都未必清楚自己真正的需求是什么。乔布斯说过："我从来不做市场调查，因为用户根本不知道自己需要什么。"如果在100年前，你问一个人他的出行需求是什么，他的答案是一匹跑得更快的马，而不是一辆汽车。

即便我们能够穿越到100年前，给他一辆汽车，他也不会感激你。因为那不是他所想的。这就是用户与做课者之间对需求的认知差异。因此，如何洞悉用户的痛点，满足用户的真正需求，就是我们在课程制作之初要解决的头等大事。

毕竟，满足需求，解决痛点，才是用户愿意为课程付费的真正原因。只有抓住了这一点，才能让用户有付费意愿，并愿意为它买单。

（2）过滤刻板的系统性框架。

做课时，我们往往会做出一些系统性框架，但这是线上课程的大忌。

系统性框架追求的是系统的完整性，讲究的是知识的全面性，这一方面提高了学员学习的难度，同时分散了用户痛点的解决力度，并且在一定程度上给人一种刻板的教条感，会让课程变得枯燥。

因此，为了增加课程的可读性，并且给用户带来更多的愉悦感，需要避开刻板的系统性框架，无须过度追求框架的完整性。

（3）设计问题解决型框架。

课程的目的是解决用户的痛点。所以做课者在课程框架设计的过程中，就应该以问题解决为导向。

针对某一人群的特定需求，凭借做课者自身的经验和知识提供一种或多种解决方案给用户,满足他们的需求,切忌贪多,刻意追求全面。

那么,什么是问题解决型框架?简单来说,这种框架就是针对某个问题,从某几个角度去提供一系列解决方案的课程框架。它是基于技能型课程而定的课程框架结构,能够为用户提供货真价实的知识或技能。

譬如,我们针对图片的精修设计一门课程的框架。若是问题解决型的框架,其每节课的标题可以设置为:如何让人像看起来更立体饱满、如何调节不同场景下自然风光的色彩等。

相比追求全面型知识的课程框架,问题解决型的框架更聚焦,能够更有针对性地帮助用户解决问题,因此更为有效。

设计爆款框架的 3 个心得

根据过去做课的经验,我给大家总结出设计爆款框架的 3 个心得,如图 3-1 所示。这 3 个心得犹如 3 颗好课的种子,将会在后面的学习过程中慢慢发芽,帮助大家在做课这件事情上"开枝散叶"。

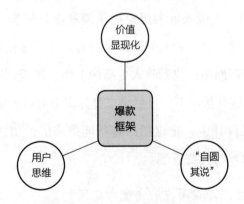

图 3-1 设计爆款框架的 3 个心得

首先,我们先要将这 3 颗种子埋得足够深。

（1）价值显现化："洞"才能体现"钉子"的价值。

在做课程框架的时候，我们要让用户直观地看到学会这门课程之后他们能够获得的好处，而不仅仅是让用户看到自己能够掌握的技能或方法。在营销学上，有一个经典的买钉子故事。买钉子的人买的是钉子，但是他们想要的却不是钉子，而是钉子在墙上凿出来的洞。

也正是"洞"体现了"钉子"的价值。"洞"就好比是课程能带给用户的价值，而"钉子"是课程给用户带来的技能。因此，我们要强调的是用户能够得到的"洞"，而不是他们直接买到的"钉子"。毕竟，很多用户或许根本不在乎买的是什么产品，他们只关心买回来的东西能给他们带来什么价值。不管买回来的是钉子还是其他的什么工具，只要能够在墙上凿出来洞，那就是用户需要的。

因此，把"洞"显示出来，用户更愿意为此买单。对于一门课程而言，只有把价值显现出来，用户才能知道自己的需求将会被满足，这门课程也才有可能成为爆款课程。

以剪辑课为例，当做课者为用户提供两种课程框架，第一种框架列出了剪辑的流程和步骤；第二种框架在展示内容之外，还指明了其背后能够带来的价值，如能够帮助用户找到收入更高的工作，甚至让用户自行开始进行自媒体创业等。在这种情况下，显然第二种方案更有可能成为爆款课程。

因此，在框架设计中，把这门课程所能带来的价值或解决的痛点写出来，就能够提升用户的付费意愿。

（2）用户思维：站在用户的角度考虑问题。

第二个要埋在心里的种子是用户思维。做课者需要做的是，把用户"放大"，把自己"缩小"。

在分享知识的时候，我们总是很容易陷入"自嗨"模式，或站在自己的角度输出内容。如果在课程制作的过程中过分关注自我，很容易导致用户需求的缺失，最后做出了一门自我感觉良好，却不被市场所接受的课程产品。

毕竟，课程是为用户设计的，用户的感受才是核心。那么我们应该如何转换角度，从用户的角度去思考问题呢？

将用户具象化是一个很不错的方法。我们的用户是一个个具体的人，他们来听课都是基于同一个目的，即希望通过学习知识或技能让自己变得更加自信。

总结起来就是，他们是一群不够自信且焦虑的小白。这里的不自信主要表现在我们分享课题的特定领域。基于此，只要我们能够站在用户角度，了解用户的需求，并尽力满足，就能够为用户提供有效的价值。

案 例　　**某连锁品牌火锅店与用户角度**

某连锁品牌火锅店凭借着极致的服务征服了用户，并且迅速成了餐饮界传奇。如果你光顾过这家连锁品牌火锅店，并且细心观察，就能发现，它的每个服务环节都是从用户的角度精心设计的。

从客户取排队单号开始，它就为顾客免费提供各种服务，如茶水、甜点、水果等。为了减轻用户在等待中产生的无聊感和不悦感，该连锁品牌火锅店甚至为用户提供了各种游戏道具和其他消遣工具等，让用户在等待的过程中，也能心情愉悦。

这对于很多消费者来说，有着极大的吸引力。毕竟，每一个环节都让消费者感受到了优质的服务。相比于其他餐饮公司，这家连锁品牌火锅店自然获得更高的赞誉和复购率。

当然，我们不仅仅要站在用户角度考虑问题，还要让用户感受到他们的存在感。

譬如，一位做课者在刚开始做课的时候，开场白是"大家好，我是××。"后来，他将开场白改为了"你好，我是××。"

当他把"大家"改为"你"之后，一下子拉近了和用户的距离。虽然这两个开场白看似没有很大的区别，但后者更具有对象感，让用户更能感受到我们是在与他（她）对话。那么，什么是对象感呢？

假设你今天出门时看到了一起交通事故，然后你把这件事告诉了你的家人或者同事。在这里，你讲述这件事时的对象就是家人或者同事，而对方非常清楚你在跟他说话。这时候的你就很容易在对话过程中保持"对象感"，因为对方就站在你面前。但当我们做课程的时候，因为是线上教学，面对的对象很多，且无法得知对象的具体形象或其他信息。因此，这就很容易出现"对象感"缺失的情况。

这种现象也常常出现在配音的初学者身上。听众在听配音初学者的作品时，会有一种很明显的感觉，那就是配音员在自顾自地念稿子上的文字，配音员和听众之间感受不到彼此之间的交流。

以上都是缺乏"对象感"的情况。当我们站在用户的角度思考问题的时候，不仅能够准确地了解用户需求，还能提升用户的存在感。

（3）"自圆其说"：让框架首尾呼应。

不要执着于系统性逻辑，去追求"自圆其说"。

在设计框架的时候，我们总是过于重视知识性的内容，执着于设计一个严谨、系统性的框架。一旦出现这种情况，就很容易做成一门系统性课程，从而削弱了针对性解决用户痛点的力度。当然，这并不是我们的错，受多年常规教育的影响，出现这种系统思维可以说是十分正常的。

但这种系统思维并不适用于互联网的线上课程。这并非是说线上课程的框架不需要严谨的逻辑，而是需要在保持逻辑正确的基础上，能够"自圆其说"。适当规避做出全面、系统性课程的思维，而更多地让课程内容能够"自圆其说"，才是制作一门线上课程的正确做法。

俗话说"贪多嚼不烂"，这句话放在做课上面也是同样的道理。

当我们摒弃了系统思维之后，不仅做出来的课更接地气，并且你将会发现，原来制作课程并没有想象中的难。我们只需要将自己擅长的知识或技能传授给大家，也能成为别人眼中的"师者"。

3.2 案例研析：打造令人"一见倾心"的课程框架

通过上一节对课程框架的分析，我们对爆款课程的框架得到了理论上的理解。在本节中，我们将用3个具体的案例帮助大家深入了解如何打造爆款课程的框架。

有"网感"的剪辑课框架

当一位做课者在设计课程框架时，需要设想课程面对的用户是一群不够自信又焦虑的小白。这个假设有3个关键点：小白、不够自信和焦虑。

面对这样的用户，课程该如何讲，如何写呢？

我们将通过剪辑课框架设计的案例，让做课者明白如何打造让价值显性化的课程框架，以及如何站在用户的角度去设计框架。我们以剪辑课的框架设计为例。假设一位做课者擅长视频的剪辑，那么他应该如何安排每节课的标题呢？我们可以将课程优化前后的框架列示出来，如表3-1所示。

表3-1 优化前后的剪辑课框架

课程	优化前的标题	优化后的标题
第一节课	剪辑的3大流程和5大步骤	一张图让你轻松入门，剪辑再也不求人
第二节课	剪辑的素材库搭建	让你信手拈来的弹药库
第三节课	剪辑过程中的五感应用	用好"五感"技法，秒变剪辑高手
第四节课	剪辑成品后的品控	成为剪辑小能手

从中我们可以看出，优化前的大纲更多的是站在分享者的角度输出有价值的知识，其专业性更强，学术性更浓，这样的标题适用对象主要是一些同行业的从业人员，而不是我们的目标客户：小白。因此，一定要避免将这种从自我出发的框架应用到线上课程当中。

在线上课程框架的设计过程中要牢牢记住，课程面向的用户是一群不够自信又焦虑的小白。用户最迫切的需求是从我们的课程中能直接获得什么技能，或者能减少什么麻烦。这一点一定要在标题当中有所体现，而非干巴巴的教科书式标题。此外，线上课程是基于互联网载体向用户传播。因此，框架也要遵循互联网特有的"网感"属性。如何能让框架更有网感，正是我们要学习的地方。

从优化后的大纲标题中，我们可以摘抄出一些让你的标题更具网感的词语，如：让你、不求人、用好、秒变、成为。我们可以利用这些词语直观地告诉用户，这些课程能够帮助用户学会什么、成为什么样的人或者减少什么麻烦。而这些才是用户最在意的东西。

第 3 章
设计一个令人一见倾心的课程框架

站在用户角度的亲子课框架

接下来，我们将以一门亲子课为例，一起分析如何站在用户角度去设计课程框架。我们将优化前后的亲子课程框架列示出来，如表 3-2 所示。

表 3-2　优化前后的亲子课框架

课程	优化前的标题	优化后的标题
第一节课	孩子成长的五个阶段	识别孩子成长的五个关键阶段
第二节课	孩子的行为分析与建议	别误会了孩子的好习惯，亲近你的孩子
第三节课	亲子沟通模式的拆解	讲故事胜过讲道理，让孩子听懂你的话
第四节课	孩子的性格决定命运	关注三个细节，塑造身心健康的孩子

相比优化前的标题，我们可以轻易地发现，优化后的标题中添加了很多动词，例如：识别、别误会、听懂、关注、塑造等。

从用户视角看，"识别、听懂"是在向用户指明利益点，"别误会"是让用户规避风险，"亲近你的孩子、听懂你的孩子、塑造身心健康的孩子"是向用户说明课程的价值。总体而言，优化后的标题满足了用户追逐利益和规避风险的人性需求，并为用户提供价值，包括：拥有一段良好亲子关系和一个身心健康的孩子。

从人性角度看，我们的所有行为都是在追逐利益或者规避风险。直接将用户的痛点或风险展现出来，并让用户直观地感受到他们将获得的利益和避免的麻烦，这就是课程标题拟订的核心思路。

具象化的时间管理课框架

接下来，我们再来分析如何让框架更加具象化。以时间管理课优化前后的框架为例，如表 3-3 所示。

表 3-3　优化前后的时间管理课框架

课程	优化前的标题	优化后的标题
第一节课	把握每天清晨	100种早起的方法都不如这一种
第二节课	规划每天上午	别让你的上午拖了你的后腿
第三节课	善用每天中午	让你满血复活的中午时光
第四节课	创造每天下午	下午才是你人际关系的加速器

优化前的课程标题分别是：把握每天清晨、规划每天上午、善用每天中午、创造每天下午。

我们可以看到，这个课程标题是按照时间顺序来设计的，尽管课程的制作逻辑非常清晰，标题用词也十分准确。但是，这样的标题显得过于"规律"，缺乏具象化的场景让用户感受到实在的好处。更适合出现在教科书上，而不是线上课程中。优化前的框架词汇过于概念化，缺少具象化。

再看看优化后的课程框架，这些标题具有明显的具象化特征。我们能发现其中的显著差异：

将"把握每天清晨"改为"100种早起的方法都不如这一种"，这样可以将"把握清晨"具象化到一种特定的方法上；

将"规划每天上午"改为"别让你的上午拖了你的后腿"，这样可以把规划的目的具象化；

将"善用每天中午"改为"让你满血复活的中午时光"，这样将善用中午的效果具象化；

将"创造每天下午"改为"下午才是你人际关系的加速器"，这样将下午创造的人际关系价值具象化。

每一种都能直观地让读者感受到画面感，提高学习的欲望。

相比抽象的词语，价值具象化的用词更能抓住用户的痛点。在抓住用户痛点的前提下，为用户提供一套解决方案，满足用户的切身需求，这样才有更大的概率让课程成为爆款课程。

3.3 值得学习的3种框架模型

在了解不深的情况下，人们只能通过外在去判断内在。在学习一门课之前，用户往往也只能通过显性的框架去了解和判断这门课程的价值。因此，框架的重要性也就不言而喻了。那么有没有爆款框架的模型，能够帮助做课者"又好又快"地设计出优质的课程框架呢？

在本节中，我们将介绍3种经典、实用的课程框架模型，帮助读者设计出优质的线上课程框架。

"解决痛点"型：权衡利弊，引出核心

首先我们来看第一种模型——"解决痛点"型。从字面上看，这种模型的核心是将用户的痛点进行放大，从而激发用户对课程的需求。这种模型由三个主要步骤来完成。首先是分析利弊，然后引出核心，最后将主题升华并延展开来。接下来我们通过以下案例帮助大家加深理解。

案例 "解决痛点"型的表达课程

第一步是分析利弊，显化冲突——你有病；

第二步是引出核心，亮明重点——我有药；

第三步是升华延展，升级获得感——药很好。

第一节的标题：三种表达类型的对比分析。通过对比，分析出不同表达类型的利弊，将因不会表达、无效表达而引发的问题及弊端展示给用户，这样就能更好地激起用户对痛点的共鸣。因为有问题的存在，才会寻求解决的方法。

第二节的标题：高效表达的应用核心。给干货，拆解高效表达的核心模型。对应解决第一节提出的问题。

第三节的标题：从高效到高情商的表达升级。

在引出课程核心之后，还有一个非常关键的步骤，就是将这门课的核心进一步升级，让用户的学习获得感更上一层楼。这里，我们将高效表达往高情商表达做了进一步升华。

总体而言，这个模型一开始先用对比和冲突的手法将用户的需求展示出来，然后给出一套解决方法，最后还要对这套解决方法进行进一步升级，进而提高用户获得感。

"直切利益"型：简单明了，直入主题

"直切利益"型，就是把利益点放在最开始，让用户单刀直入地感受到自己能够从中获得的价值。

这种模型同样由 3 个步骤组成：主力前置、拆解分析以及陷阱规避。下面我们同样通过表达课的案例，具体地说明这 3 个步骤应该如何操作。

案 例　"直切利益"型的表达课程

第一步，主力前置，就是把主要的利益抛出来。我们可以把第一节的标题设计为：演讲高手常用的表达模型。

这就直截了当地告诉用户，你想要的表达模型我这里都有，给用户塑造了一个学习目标的蓝图。

第二步是拆解分析，也就是对第一步当中所提出的目标蓝图进行分解，方便用户一步一步去实现。这样，我们就可以将第二节标题设计为：表达当中的三个要素：思维、结构、场景。

分解目标以后，就可以让用户更好地吸收课程内容，推着用户一步一步靠近他们的理想目标。

最后一步是陷阱规避。这部分是一个归纳总结，并在此基础上点出目标实现过程中容易踩的坑，从而让用户尽量少走弯路。

在这个指导原则上，我们就可以将这一部分的标题列为：表达的"三要"和"三不要"。

这个模型一开始就将利益点和价值抛向用户，然后将这个可获得的价值进一步地拆分，让用户更好地理解和吸收，最后给用户做一个注意事项的提醒，避免用户在前进道路上走弯路。

"唤起共鸣"型：情感共鸣比什么都重要

这种模型主要的底层逻辑是情感共鸣比任何事情重要。这就类似于在演讲中，表情、语调的感染力往往比内容更为关键。同样的，我们也将这一模型拆分成了3个步骤：唤起共鸣、平行罗列、进阶升级。

我们仍然以表达课为例，设计出一款"唤起共鸣"型的框架。

案 例　　**"唤起共鸣"型的表达课程**

首先要考虑的是唤起共鸣，因此，"表达的关键时刻"可以作为第一节的标题。因为这个标题很容易激发用户想起自己需要表达的某些关键时点，让他们更好地融入课堂氛围中。

其次，平行罗列，"演讲时、辩论时、理亏时如何讲"可以作为第二节的内容。在这个小节中，将这些时刻平行罗列出来，然后给予相应的处理方法，从而提升课程的含金量。

最后一节，进阶升级。内容主体可以是：情感共鸣比内容表达更重要。这样能让用户再次产生共鸣，并将课题从内容表达的技巧往情感的角度升级。正如表达者将自己的亲身经历说给倾听者听，为的就是利用倾听者的同理心，制造情感共鸣。

这种模型的基本套路是基于情感大于一切的逻辑，为用户设身处地地思考问题并提供解决方案，最后再进行一个主题核心的升级。

为了更好地区别"解决痛点"型、"直切利益"型、"唤起共鸣"型等3种课程模型框架的不同之处，我们将以表达课为例的3种模型框架放在一起作比较，如表3-4所示。

表 3-4 表达课的 3 种框架对比

框架模板	第一部分标题	第二部分标题	第三部分标题
"解决痛点"型	三种表达方式利弊分析	高效表达的应用模型	从高效到高情商的表达升级
"直切利益"型	演讲高手常用的表达模型	表达当中的三个要素：思维、结构、场景	表达的"三要"和"三不要"
"唤起共鸣"型	表达的关键时刻	演讲时、辩论时、理亏时如何讲	情感共鸣比内容表达更重要

从表 3-4 中我们可以看出，即使是同一门课程，由于角度不同和侧重点不同，设计出来的框架、都有很大的差别。虽然根据不同框架组织的内容有所不同，但是第一部分都是提出问题，第二部分都是解决方案和具体的应用措施，最后一部分是主题升华或归纳总结类的延展。我们可以根据用户的具体需求，选择不同的模型。

3.4 提升课程"饥饿感"的 3 个窍门

好的框架都具备一个特点，就是会让人产生"饥饿感"。

什么是"饥饿感"？举个例子，我们平时看电影的时候，尤其是那些悬疑剧，心情总会跟着剧情走，看了前面就想知道后面。这种电影刻意营造出来的悬念，就是所谓的"饥饿感"。

一门课程只有具备了"饥饿感"，才能真正激发用户的学习兴趣。那么，我们应该如何提升课程的"饥饿感"呢？其实，设计"饥饿感"并不难。我们根据过往的经验，总结了 3 个提升"饥饿感"的窍门：罗列 3 种课程框架、善用副标题提升知识密度、切换时空厘清思路。本节我们就针对这 3 个窍门做具体阐述。

罗列 3 种课程框架

我们可以设计 3 种或更多的课程框架，然后对比这几个框架的优劣，并最终执行其中的一种。我们也可以将这几种框架发给身边的朋友，听听他们的意见。

但邀请朋友或者行业专家提出意见的一个前提是，我们首先要承认自己的框架并不完美，并真心接纳别人"不完美"的意见。我们的框架不完美是别人能够提出意见的基础。

另外，我们对别人的意见也没必要照单全收。别人的意见只代表某种观点，可以听取多人意见，对比参考。此外要牢记，针对一个课程不要只罗列一种框架，特别是在刚开始设计框架的初期。

如果只设计了一个框架，就无法通过对比来选择或优化更好的框架。因此，不要为了省事、嫌麻烦，而省略这个关键步骤。

善用副标题提升知识密度

做课者要学会在框架中，利用副标题来展示一些关于本节课的信息。

主标题往往主张"虚"，而副标题则更加"实在"。主标题用于吸引用户，提升点击率；而副标题则更多地用于展示课程内容，展示课程真正的干货。

这样主副配合，副标题能够为用户提供更多的信息，让用户进一步了解课程的观点，进一步让"价值显现化"。

此外，在写副标题的时候，能够更多地站在用户角度去输出观点。增加这样一个小小的细节，框架信息一下子就可以丰满起来，增加了信息输出的密度。

切换时空厘清思路

第三个小窍门是切换时空，让思路更加清晰，进一步优化框架。

初步设计出框架后，我们可以进行微调，但不要试图进行整个思路的调整，否则工作量将大大增加，在时间上也不允许做课者这样做。

在刚做完初步框架后，我们很容易按照固有思维去考虑问题，而无法从其他角度进行展开。这个时候，我们可以将微调好的框架放一放，先把自己从原来的思路中抽离出来。例如，做课者可以隔一个晚上，或者将大脑放空一两天，收拾好思绪之后，再试着站在用户或旁观者的角度去审视这个框架。

这个时候我们往往就能发现，隔了一两天之后，我们能够有不同的思考或观点。这就是切换时空的魅力所在。因此，不必非得用一天的时间把课程框架设计好。

留白也是一种灵感的来源。好比一块玉石需要经过多次雕琢和打磨才能成为一件美玉。同样地，一个完美的课程框架也无法一次性设计出来，而是需要经过多次修改和优化的。做课的时候，我们要学会按下暂停键，尝试从不同的角度思考，这样才能更好地优化框架。

3.5 警惕两个误区

做课就像人生的旅途一样，有的弯路不可避免，有的则应能免则免。

在本节中，通过总结过往的做课经验，我们列出了 2 个常见的误区，帮助大家避免在设计课程框架的时候踩坑，节约做课者宝贵的时间和精力。

切勿扮演大师、专家或通才

好为人师是大多数人的通病。在上课的时候，很多人会以大师、专家或者通才的身份进行知识或技能输出。在这种情况下，用户会有什么感觉？

用户会觉得做课者是高高在上的，以居高临下的姿态与他们对话。

这样，做课者与用户之间的距离感也就不可避免地产生了。这会阻碍用户对课程内容的接受程度，显然不利于知识的传播。因此，做课者更多地应站在朋友的角度，平等地与每一个用户进行知识和技能的分享。这才是做课者应该采取的态度。那么我们该如何培养平等思维？

首先，在认知层面，我们要清晰地认识到我们与用户的关系是平等的工作伙伴关系，而非老师与学生的关系。高高在上的心态是做课者的大忌。

其次，沟通中的输赢不是我们的目标，与用户协作才是。很多时候，对错并不绝对，只是角度不同。只有以合作达成目标为出发点，我们才更容易找到双赢的框架和内容。此外，我们还要通过多维度的沟通方法，与对方建立深度连接。仅仅采用正式的沟通手段往往达不到好的效果。非正式的、风趣幽默的语言，往往能拉近与用户的距离，收到令人惊喜的效果。

切勿照搬工具书的大纲

在编制课程的时候，我们往往需要参考其他书籍的内容，但参考不意味着照搬，全盘接受别人的框架也是做课的大忌。一般情况下，工具书的框架都属于系统性框架,是站在专家的角度来设计的。这种框架不适合小白,而且站在这种角度,是无法和用户达成平等沟通的。

例如,一位做课者要设计一门关于"年度经营计划"的课程,帮助经营者管理和经营企业。他查阅相关的权威书籍资料,总结出了这样的线上课程大纲:

年度经营计划的概念阐述;

年度经营计划的制订流程;

年度经营计划的编制说明;

年度经营计划的编制模板。

这样的课程看似没有问题,实则是对"年度经营计划"理论的机械搬运,让用户丝毫提不起学习的兴趣。稍作调整之后,这位做课者重新做了一个"年度经营计划"的课程大纲:

企业为什么需要制订年度经营计划;

如何从外部环境分析市场趋势;

如何从企业内部分析竞争优势;

如何确定战略目标、核心策略和具体措施;

如何推行年度经营计划。

显然,这个大纲更加具体,相比之下,上面的大纲过于宽泛。这个大纲对目标用户会有更大的吸引力。

如果做课者过多地追捧工具书的框架,很容易陷入"追求广度,忽略深度"的陷阱。在线用户需要的不是百科全书,而是针对某一特定问题给出的有价值的解决方案。因此,请不要照搬工具书的大纲做课程的框架。

框架作为一门课程的"骨架",要坚实牢固,经得起推敲,并能够带给用户足够的吸引力。把课程的大纲和每节课的标题按照以上这些要求设计,相信大家能够创作出一个富有"饥饿感"的线上课程的框架。

本章小结

1. 做课者设计框架时,需要抓住用户的底层需求,设计出问题解决型框架,切勿设计刻板的系统性框架。

2. 设计爆款课程框架的 3 大心得是:价值显现化、用户思维、"自圆其说"。

3. 设计课程框架的时候,我们可以采用"解决痛点"型、"直切利益"型、"唤起共鸣"型中的 2 种以上模型。针对一个课题,不要只列出一个大纲。

4. 罗列 3 种课程框架,善用副标题提升知识密度,切换时空厘清思路,是提升课程框架"饥饿感"的 3 个讨巧的窍门。

5. 我们还要避开 2 个误区:切勿扮演大师、专家或通才,切勿照搬工具书的大纲。

第 4 章
充实引人入胜的课程内容

做好课程外显的标题和框架,才能让用户关注到课程内在的内容。但是,对于一门爆款线上课而言,仅仅拥有一个好的标题和框架还远远不够,线上课程的内容才是最重要的。

俗话说,好看的皮囊千篇一律,有趣的灵魂万里挑一。

一个外表俊美的人可以吸引别人的目光,但如果与之深入交谈时却发现他的思想浅薄、无趣,无疑会使其营造的形象受损。同样地,如果一门课程只有讨巧的标题和框架,却没有与之对应充实、有趣的内容,那么课程的吸引力就会大打折扣。

久而久之,情况还很有可能适得其反。这种徒有其表的课程往往会败坏用户的好感,最终致使做课者的核心粉丝群体逐步流失。

因此,保证优质的内容才是长久之计。在做课时,做课者要注重课程内容的质量,并且善于用多种方式将其呈现出来,让"有趣的灵魂"俘获更多学习者的心。

在本章中,我们将学习如何在框架里面填充高质量的内容,打造一门引人入胜的课程。

首先,我们会学习打造爆款课程内容的底层逻辑。

其次,通过4个"1"拆解法、汉堡包引导法、SCQA冲突点构建法3个方法,对课程内容进行"拆解"和"组装",以便学习者能够更好地掌握填充课程内容的技巧。

最后,在基本功熟练的前提下,我们还将学习如何使课程内容变得更加高级。

4.1 爆款课程内容的底层逻辑

爆款课程内容是有"套路"可循的。这里的"套路"指的是好内容的常规特征和一套好用的模板。好的课程内容都具备3个特征：理性与感性的结合、具有一定的深度、案例充实。在本节中，我们来分析这些特征背后的逻辑。

好内容是理性与感性的结合

好的课程内容是理性的，还是感性的呢？好的线上课程的内容通常是理性和感性的结合。

正如一个人的大脑，既要有感性思维也要有理性思维。如果一个人遇到重大的问题时喜欢感情用事，那么他很可能无法判断孰是孰非；如果一个人对待事物只有理性而缺乏感性的关怀，那么他将冷酷无情，也难以受到别人的拥戴，无法获得更大的成功。

一门线上课程的内容既需要有理性的部分，也需要有感性的部分，这样才能被更多的学习者接纳和订阅。根据内容的感性和理性的程度，我们可以将课程内容的类型分成4类，如图4-1所示。

第 4 章
充实引人入胜的课程内容

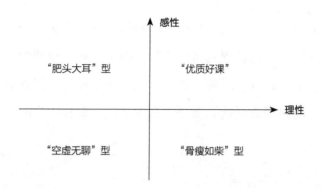

图 4-1　4 种课程内容的类型

（1）"优质好课"。

从图 4-1 中可以看出，既有理性也有感性的课程被称为"优质好课"。"优质好课"正是做课者要追求的目标。正如一个人在生活中要追求理性和感性的平衡。一个人的理性思维让他对事物有判断，获得自己想要的生活；他的感性思维又能让他体验到美好的情感。

在一门线上课程中，理性的内容能让用户掌握知识和技能，感性的内容能让用户更好地吸收知识。理性的内容和感性的内容相辅相成，缺一不可。

（2）"肥头大耳"型。

只有感性的填充，但缺乏足够的理性的课程，我们称之为"肥头大耳"型课程。

你是否听过这样的课程：课程里面有许多感人的故事，你听完之后，能把课程里面的故事都记住，甚至有时候会随着老师的讲述而潸然泪下；但是，当你听完之后，却发现这门课程没有核心的观点，没有收获感。这种课程就是感情有余、理性不足的典型代表。一门好的线上课程并不仅仅是在讲故事去感动他人,而是要通过课程给予学习者货真价实的知识和经验。很多"成功学"的课程就属于这种"肥头大耳"型课程。尽管"成功学"能够告诉学习者很多道理,也会让他们热血澎湃,但它们却很少能够真正解决实际的问题。因此,做课者在设计线上课程内容时,要远离"成功学"。

(3)"骨瘦如柴"型。

如果一门课程理性有余而感性不足,我们可以将这种课程称为"骨瘦如柴"型课程。

譬如,"中国新能源的理论研究""元宇宙专题研究报告"等这类学术型的理论研究课程就属于"骨瘦如柴"型课程。这类课程有很多干货,但是缺少感性的内容,这会让用户感到味同嚼蜡。很多学院派的学者和老师做出来的线上课程往往就会偏向这一类。

这些学者、老师研究的理论框架非常完整,但会给人一种"不食人间烟火"的距离感。如果课程里面没有一些生活当中有趣的案例,就会造成课程的枯燥感,让人听了会昏昏欲睡。

(4)"空虚无聊"型。

既没有感性的部分,也没有理性的内容,我们称之为"空虚无聊"型课程。"空虚无聊"型课程,既没有生动的故事,也没有获得干货的收获感,注定无法吸引潜在的用户群体。

切勿追求没有深度的广度

深度和广度是课程内容的两个维度。一般来说,一门爆款线上课程不能同时兼备深度和广度。那么,做课者应该追求哪一个方向呢?

第 4 章
充实引人入胜的课程内容

通常来说，做课者要适度放弃课程的广度，拥抱知识的深度。在十多年前，一个人能靠着一个励志故事征服一群人，从而获得一些粉丝。这是因为，当时人们的知识获取渠道有限，当人们听到一个新的故事或概念时，他们的眼界会被讲故事的人打开，从而会认为讲述者是一个学识渊博的人。

而如今是一个信息"爆炸"的时代，互联网的普及让查询信息的难度变得很低，人们已经不再执着于追求知识的广度。一个人已经无法通过传播一些获取难度较低的信息而征服他人。如果我们遇到问题或产生疑问，通过网络的搜索，往往只需要几分钟就可以得到答案。换言之，在这个时代，我们不缺广度的知识。

因此，将轻易就能通过网络搜索出来的信息打造成一门线上课，那必然是没有深度的。相反地，一门能够打动精准用户的线上课程，更多的是需要有深度的观点，帮助学习者提升技能或知识的专精程度。我们来举一个例子。

如果要设计一门关于如何做好短视频运营的课程，我们应该如何延展课程的深度呢？从普通的做课思维出发，一般课程会介绍以下几个方面的内容：

短视频的概念和优势；
短视频的拍摄方法；
短视频的后期制作；
短视频的推广套路；
短视频变现路径的介绍。

从上面的内容中，我们不难看出，这门课程涵盖了短视频营销的方方面面，维度很广。但细看之下，用户并不能很具体地感受到学习这门课程会获得什么成效。做课者应该结合短视频平台的特点，深层次挖掘更落地、具体的内容，告诉用户如何具体地实现短视频的变现。

根据这一思路，我们重新设计一门短视频运营的课程，课程可以命名为"抖音短视频运营大师课"，其内容包括：

抖音短视频的热门赛道和误区；

打造"一见钟情"的主页名片；

给账号精准定位；

巧用10种抖音短视频拍摄技巧；

善用8个后期制作的工具；

抖音引流：成为"达人"的7个方法；

用5步做好抖音品牌营销；

掌握高效好口碑的抖音变现途径。

这门短视频运营课程尽管只是介绍抖音短视频这个较小的领域，但课程从前期准备、拍摄、后期制作、引流、运营、变现等方面深入挖掘，让用户能够具体感受到如何去做抖音短视频，获得感很强。

针对想通过短视频变现的目标用户，显然后者有更大的吸引力，也更愿意学习后者的课程。由此来看，好的课程内容往往是具有一定深度的。做课者在填充课程内容时，不要刻意追求广度，而要追求深度。这也是做课的"第一原则"。

善于用小案例发现大套路

在课程里，我们要多讲些发生在自己身上的真实故事，少用"道听途说"的案例。这是因为，讲述发生在自己身上的故事的时候，会自带一种无形的亲切感，更容易吸引他人倾听。

做课者不仅要发现有价值的小故事，更要善于将小故事中的经验和套路用到课程当中，用"以小见大"的方式来构造一门课程。

那么如何打造出好内容呢？打造内容是有套路和方法的。接下来，我们分享三个实用的方法，足以让做课者打造出优质内容。

这三个方法分别是：

4 个 "1" 拆解法；

汉堡包引导法；

SCQA 冲突点构建法。

在学习每一个方法时，我们将会结合 2 个案例来阐明原理，并引导大家思考这些方法应该如何运用在自己的课程里。

4.2　4 个 "1" 拆解法

第一个方法叫 4 个 "1" 拆解法。这种方法有 4 个步骤，如图 4-2 所示。

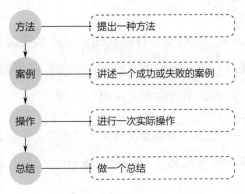

图 4-2　4 个 "1" 拆解法的步骤

方法、案例、操作和总结，代表着4个"1"拆解法的四个关键词。方法指的是提出一种方法，案例指的是讲一个成功或失败的案例，操作是指通过指示的动作来进行一次实际操作，总结就是给一堂课程做一个总结。

剪辑课和表达课的案例分析

我们假设做课者准备打造一堂剪辑课。剪辑课是技能类课程，属于"KSA模型"中的S类课程。

在这堂课中，做课者要教给用户用转场的镜头。按照4个"1"拆解法的动作，做课者可以通过以下步骤设计这堂课的内容。

- 首先，做课者先讲解拍摄转场镜头的方法，让用户学会运用转场镜头。
- 其次，讲一个成功的转场镜头案例，以及一个片子拍得好但转场镜头没有做好的失败案例。
- 再次，展示正确的拍摄转场镜头的操作步骤。
- 最后，将如何拍摄转场镜头做一个延展性的总结。

在做总结的时候，我们不要忘记去思考如何将主题进一步延展。譬如，剪辑课的总结可以这样阐述："真正的剪辑课不在于宏大，而在于细节。细节体现在如何完美转场上。"

同样地，4个"1"拆解法也可以应用到观点类的课程上面，其步骤具体表现为：一个观点；一份感性的素材；一个实际应用案例；一个总结。

我们可以用一堂表达课的内容来说明该步骤：

- 首先，表达一个观点。做课者要传达的观点是：感情表达胜过理性雄辩。
- 其次，列举一份感性的素材。这份素材可以是电影的片段或生活中的一件小事。

譬如，可以用马丁·路德·金演讲的一个小片段。

马丁·路德·金曾在演讲的时候说："我梦想有一天，在佐治亚的红山上，昔日奴隶的儿子能够和昔日奴隶主的儿子坐在一起，共叙兄弟情谊。"这是他很有名的一段话。用画面感讲述了一个梦想，用不同人种之间的亲密关系，将他的梦想表达出来。这样感性激昂的演讲引起了无数听众的共情，成为演讲史上的佳作。

- 接着，列举一个实际的应用案例。

有些孩子总是浪费食物。如果只是和他们讲"不要浪费粮食"的大道理，实际效果可能并不理想。因为对于这些孩子来说，他们对食物来之不易的感受并不强烈。

孩子爱听故事，我们可以通过《百鸟朝凤》的故事——凤凰将粮食一点一点储存下来，帮助众鸟度过饥荒的传说，将节约粮食的重要性娓娓道来。通过感性的故事让孩子"感同身受"，也更能够让他们明白节约粮食的道理。

将感性的案例与生活中的实际场景相结合，体现出感性表达的重要性。

很多人会有个疑问，感性的素材与实际应用的区别是什么？

区别在于感性素材更多的是一个虚拟故事，实际应用更多的是一些生活场景发生的事件。

- 最后，做一个有"高度"的总结。总结可以这样做："人是感性的生物。付出感情，才是表达的最高境界。"

做总结的时候，需要多思考如何让主题升华，并将其做进一步延展。

将以上 2 个关于剪辑课和表达课的案例归纳成表格，有助于更直观地理解 4 个 "1" 拆解法。如表 4-1 所示，是 4 个 "1" 拆解法的内容与应用。

表4-1 4个"1"拆解法的内容与应用

关键词	四个动作	剪辑课的应用	表达课的应用
方法	一种方法	学会用转场的镜头	感情表达胜过理性雄辩
案例	一个成功或失败的案例	讲一个成功的转场镜头案例,以及一个片子拍得好但转场镜头没有做好的失败案例	一个感性的素材
操作	一次实际操作	展示正确的操作步骤	一个实际案例
总结	一个总结	细节体现在如何完美转场上	付出感情才是表达的最高境界

Tips：知识颗粒——"积木式"做课

当我们在做课或听课时，心中都要有"知识颗粒"概念。

我们可以把课程内容看作由一块块"积木"堆积在一起形成的房子。这种做课的方式被称为"积木式"做课。

譬如，当你想要1小时的课程时，你可以将这1小时的课程看作是由4块小"积木"拼起来的。你只要分别把每一块"积木"的内容填充完成，就能组装这1小时的课程。

那么，为什么有些讲师可以把讲课的时间掐得如此精准？那是因为他们采用了"积木式"做课的思维。

在他们的心中，已经堆满了大大小小的"知识积木"。在做课时，只需有机地将积木组装到一起，并用修饰语进行衔接，就能够打造一堂既有干货又有趣的线上课。

如果你在平日按照"课程积木化"的思维去做课，心中会储备着很多块小"积木"。当需要临时发挥时，你可以把心里的一块小"积木"拿出来讲，这样就不会慌乱。做课者需要学会运用"积木式"做课思维，这不仅能够让做课者可以更加灵活地积累、运用做课的素材，也能够让做课者的思维更加敏捷和高效，从而提高做课效率。

4.3 汉堡包引导法

本节我们学习第二种打造内容的方法——汉堡包引导法。首先，我们借助一张图来认识这种方法，如图 4-3 所示。

从图 4-3 中，我们能够十分形象地看出汉堡包引导法的课程思维模式，即通过案例的对比得出最终结论，从而使用户学到课程中的知识或经验。

具体而言，汉堡包引导法总共有 4 个步骤：

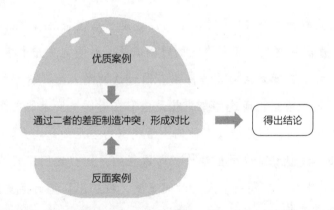

图 4-3　形象化的汉堡包引导法

- 第一步，先描述一个优质案例。
- 第二步，描述一个反面案例。
- 第三步，通过优质案例和反面案例之间的对比和冲突来引出它们之间的差距。第三步类似汉堡包的夹层，也是这门课程的核心命题。

- 第四步，对这个命题提出解决方案，问题解决或缩小差距，从而使用户收获知识或经验。

接下来，将通过两个案例来分析如何使用汉堡包引导法来做课。

时间管理课和婆媳关系课案例

我们先以时间管理课为例。

案例①　　　　　时间管理课

时间管理课属于"KSA 模型"中的 S 类课程。首先，我们需要提出两个具有强烈对比色彩的故事。

故事可以这样讲述："有些人每天只工作四小时，但依然过着高质量的生活；有的人每天工作 12 小时，但生活还是"鸡飞狗跳"。虽然每个人拥有的时间长度是一样的，但每个人的时间质量、时间宽度并不相同。"

然后，引出二者之间的矛盾冲突。通过这两类人生活状态的对比，引出了他们之间的差距。而这个差距就是他们在时间宽度上的差距。因为他们的时间宽度不同，因此造成了他们生活状态的差距如此之大。

接下来，我们就可以引出结论，即课程的主题：这门课程的真正命题（核心问题）是如何拓宽一个人的时间宽度，再给出拓宽时间宽度的方法。假设做课者直接告诉别人拓宽时间宽度的方法，这样会让人觉得太直白。

如何让用户更容易、更轻松地接受做课者提供的方法呢？比较理想的方式是，做课者通过故事引发用户的兴趣，再告诉用户解决方法。

这就像是去掉汉堡包上面和下面的面包，你单独吃中间的肉，难免会觉得过于油腻。要想消除或者降低这种"油腻"的感觉，就要把这块肉夹在两片面包中间，让面包去中和肉的油腻味，吃到美味可口的汉堡包。

案例②   **处理婆媳关系的课程**

拆解完时间管理课之后，我们用汉堡包引导法再拆解一门态度类课程——婆媳关系的维护课。

婆媳关系的维护课属于"KSA 模型"中的 A 类课程。首先，我们要找到一个正面案例和一个反面案例。

正面案例是：有的媳妇十分体谅婆婆，日常生活中事事都会考虑到婆婆的感受。因为她懂得照顾婆婆的情绪，因此婆媳相处得比较好。

反面案例是：有的人生完孩子后不上班，天天在家带孩子的同时还要照顾婆婆；但她忙于家务，忽略了与婆婆情感上的交流，与婆婆相处得并不好。

然后，标记正反案例的冲突点。从这两个具有对比色彩的故事中，引出这门课程的真正命题。案例中的两个女人在处理婆媳关系上的差距是：是否与婆婆建立良好的情感连接。

因此，这门课程的核心命题是，如何和老人包括婆婆建立情感连接。此时，我们就可以把解决方法呈现出来了。

在给出解决方案之前通过正、反面案例对比，能够给学习者制造悬念，设置冲突，达到使其继续往下学习的目的。这就像是相声中的埋包袱，想要后面抛出来的包袱响，前面的铺垫不仅不能少，还要给得恰到好处。

同样地，为了用户能够更容易接受做课者提供的解决方案，正、反面案例要突出且具有强烈的冲突色彩。

Tips：创造新名词提升获得感

做课者需要重视线上课程用户的获得感。何为获得感？获得感即为用户能够在听完一门课程之后有所收获的自我感受。对于线上用户而言，获得感很重要，且它是一项非常重要的用户满意度指标。

当用户认为有所收获时，用户会认可你的课程价值，用户满意度指数也会随之呈现较高的数值。

那么，用户的获得感从何而来？在课程中巧妙地创造新名词，可以提升用户的获得感。做课者应该如何恰当地引入合适的新名词呢？在上述的案例里，当我们谈到时间长度的课程，可以适当地创造"时间宽度""时间颗粒度""时间黏性"等相关新名词。

例如，在一门关于时间管理的课程中，我们可以这样布局内容：

第一模块是关于如何拓展"时间宽度"的内容（这里就引入了"时间

宽度"的概念);

第二模块可以顺理成章地引入"时间颗粒度";

第三模块则可以是关于"时间黏性"的内容。

做课者要学会在你的课程中创造出一两个新概念,然后用一个"汉堡包"的方式引出这个概念,最后针对这个概念提出解决方案。如果做课者能巧用这个小妙招,将能大大提升课程的新鲜度,满足用户对新知识的渴求。

4.4 SCQA 冲突点构建法

本节我们来学习最后一种打造线上课程内容的方法——SCQA 冲突点构建法。

SCQA 冲突点构建法的 4 个流程

这种方法来自于麦肯锡的结构化表达方法。S、C、Q、A 这四个字母代表着不同的含义:

S 指的是 Situation,代表常态化、稳定的情况;
C 指的是 Complication,代表冲突、意外的发生;
Q 指的是 Question,代表问题;
A 指的是英文 Answer,代表答案。

将以上四个词结合起来,SCQA 冲突点构建法表示在一个常态的情况下,出现了某种冲突,由此带来了某个问题,最后再提供问题解决方案的打造课程内容的方法。如果稍加留意,我们会发现很多人都在运用这个方法写文章或讲故事。这个方法也是一个经典的阐述方法，在过去便有作者运用这种方法来构建故事的内容。

以花木兰代父参军的故事作为例子，我们来学习一下如何运用 SCQA 冲突点构建法来完整讲述一个故事，并传达观点。

案例　　《木兰诗》中的 SCQA 冲突点构建法

在《木兰诗》里，"SCQA"分别对应以下的诗句：

- S 常态："唧唧复唧唧，木兰当户织"。这是描述木兰在屋子里织布的场景，属于常态事件。
- C 冲突："昨夜见军帖，可汗大点兵。军书十二卷，卷卷有爷名"。这里描述的是昨夜见到征兵的文书，可汗要大规模地征兵，征兵文书共有很多卷，卷卷都有阿爹的姓名。

这属于冲突事件。君王在大规模征募兵士的这件事打破了原有的平静生活，而这个冲突事件随之引发了一个问题。

- Q 问题：这个问题是"阿爷无大儿，木兰无长兄"。

这句诗描述的是，木兰的阿爹没有成年的儿子，木兰也没有长兄。但是，现在朝廷要征兵，那该怎么办呢？难不成要阿爹去参军吗？面对这样的问题（现状），木兰是如何解决的呢？

- A 答案："愿为市鞍马，从此替爷征"。这句诗描述的是，木兰决心买来战马备上鞍，代替阿爹去应征。这就是解决办法。

通过 SCQA 冲突点构建法的分析，我们可以发现，木兰代父从军的故事生动且有"起承转合"的情节,故事的完整性得到彰显,变得极具可读性,从而使其广为流传,被大众所熟知。

由此可见,SCQA冲突点构建法对讲述好一个故事有诸多好处。

正是因为制造了故事的转折或冲突点,SCQA冲突点构建法才能还原曲折故事背后的套路,成为一个经典的故事和内容构建方法。

掌握了SCQA冲突点构建法,不仅能做课,还能成为讲故事的高手。当你想要分享书籍的时候,切忌一开始就讲述书中的内容。

我们可以学习运用SCQA冲突点构建法引导用户按照你的思路,挑起用户对被分享书籍的欲望感,然后再分享我们想要分享的主要内容。

寻找幸福的课程的案例分析

接下来,我们以构建一门态度类课程——寻找幸福的课程为例,分析如何运用SCQA冲突点构建法去打造爆款线上课程的内容。

案例 寻找幸福的课程

第一步,描述一个常态化的场景。

这个社会中,大家都在追求更大的成就,似乎衣锦还乡才是一个游子能做出的最受人认可的事情。另外,大家都特别关注孩子的成绩。成就、成绩等这些无意识的攀比成了常态。

第二步,描述一个冲突点或者事件。

当你买了人生第一辆车或第一所房子的时候,你会发现,你所获得的快乐并不如想象中的那样多,而随后迎接你的是那些你未曾经历过的烦恼。

你认为只要实现一个更大的目标,你就会更加幸福。但是,你后来发现物质生活的水平和幸福水平并不是一直成正比的,二者齐头并进的现象并不会发生。

第三步，描述一个问题。

在"攀比"的常态化的环境下，人们通过努力去获得更多的成就或者更大的成绩，但没有获得与之匹配的幸福。于是，很多人开始思考，幸福究竟是什么？这里就指向了这门课程的真正命题——幸福的真正含义是什么？

第四步，给问题找一个合理的答案。

在这里就可以顺势介绍这门课程，或是一本能够帮大家找到幸福的入口的书籍。幸福是一种能力，也是一种状态。

这个例子清晰地展示了 SCQA 冲突点构建法如何引导他人的思路，将其引入课程的主题。在引导的过程中，你需要有一个很清晰的思路，那就是从常态、冲突、问题到答案的引导思路。

最后，我们可以通过对比，归纳一下 4 个"1"拆解法、汉堡包引导法、SCQA 冲突点构建法的关键词和适用范围。

4 个"1"拆解法是直接给出具体的方法，而后两者都是通过对比和冲突引出问题和答案，如表 4-2 所示。

表 4-2　3 种打造课程内容方法的关键词和适用课程的类型

方法	关键词	适用课程的类型
4 个"1"拆解法	方法、案例、操作和总结	技能型课程（S）
汉堡包引导法	正面案例、反面案例、问题、解决方案	技能型课程（S）、态度类课程（A）
SCQA 冲突点构建法	常态、冲突、问题、答案	技能型课程（S）、态度类课程（A）

4.5 如何打造更高级的课程内容

在前面的章节中,我们学习了 3 种打造内容的基本套路。在这一节中,我们将学习如何打造更高级的课程内容。首先,我们应该明白什么样的课程内容是高级的。

评判内容是否高级的两个维度

更高级的课程内容是进阶做课者的做课成果,代表做课者已经达到了相对成熟的做课水平。那么,做课者应该如何评判课程内容是高级的呢?

我们可以根据两个维度去判断:其一,内容的丰富程度;其二,内容的精致程度。

通过这两个维度,我们可以得出打造更高级的课程内容的两种手段:

通过嵌套手段让内容更加丰富;

用"搭积木"的思维方式让内容变得更加精致。

这两种打造课程内容的手段,能够提升内容整体的高级程度。那么,做课者在打造更加高级的课程内容时,应该首先注意哪些问题呢?

首先,在打造更高级的课程内容前期,做课者需要做充分的准备。

以上所讲的这 3 种基本方法,是打造更高级内容的基础。做课者需要熟练运用 3 种基本方法,才能用更高阶的技巧使课程内容更具吸引力。

正所谓"根基不牢,地动山摇"。只有将"地基"打好了,"房子"建起来才能稳固。因此在开始打造内容的时候,切勿急于求成,过于追求完美或高级而脱离了最基本的 3 种方法。

在做课者已经能够随意切换 3 种基本打造课程内容的方法之后,就可以尝试采取 3 种方法相互嵌套的手段,进一步提升内容的丰富程度。最后,做课者需要采用"搭积木"的思维方式，将还不够精致的内容进行进一步打磨。

接下来，我们将学习具体的3种方法的嵌套和利用"搭积木"的课程思维打造爆款线上课。

3个基本方法嵌套提升内容丰富程度

我们可以将4个"1"拆解法、汉堡包引导法、SCQA冲突点构建法这3个基本方法进行嵌套，提升课程内容的丰富程度。

3个基本方法互相嵌套，不仅能够让课程内容结构变得复杂，同时也让内容可以更加统一。接下来，我们来看一下这3种方法是如何嵌套使用的。以上文SCQA冲突点构建法下寻找幸福的课程为例，如果仅仅采用一种方式去打造课程内容，课程的最后一部分将会通过介绍一本打开幸福入口的书籍内容来画上句号。

如果我们将课程最后的内容，即"A答案"这个部分通过"4个1拆解法"来打造，将会是什么样的呢？在解决办法的流程中，我们将会描述一种具体的感受幸福能力的方法，如培养自身的爱好。

然后分享一个自身案例，并展示一种操作。比如这种爱好是拉小提琴，你可以讲述自己用第一笔工资买了一把小提琴，然后再向大家演示一段小提琴演奏。在美妙的音乐中，让用户能够切身体验到幸福的感觉。

最后，做一个延展性的总结。比如，每个人都有很多幸福时刻，但不是每个人都能体会到这些时刻。此外，汉堡包引导法在第四个步骤中也可以嵌套"4个1拆解法"。

回顾一下，汉堡包引导法的四个步骤分别是：描述一个正面案例、描述一个反面案例、提出一个问题、给出一个解决方案。

同样地,"4个1拆解法"可以嵌套在"解决方法"的模块中。因此,这个组合是以汉堡包引导法作为主要的打造内容方法,嵌套"4个1拆解法"的组合。学会运用内容结构提升内容的丰富程度,做课者离打造更高级的课程内容的目标就更近了一步。

灵活运用3种基本方法的嵌套是有一定难度的,但做课者还是需要多去尝试,并争取能够巧妙地运用到课程内容里。

用"搭积木"的方式打磨内容

好的内容都是打磨出来的,正如玉石需要经过打磨才能成为美玉。一切的原始内容都是雏形,而雏形注定不是一个优质的产品。因此,做课者需要对课程的内容进行精细化的打磨,才能打造出更高级的内容。正如那些你所看到的优秀文章和书籍,都是经过反复打磨而成的。那么,该如何去打磨内容?

在前面的内容里,我们讲述了用"积木式"思维去分割内容和进行知识储存。在这里,我们以"搭积木的游戏"为例学习如何搭积木,打造内容的空间感和层次感。在某些搭积木的游戏里,游戏者需要运用各种积木块来组建独特的积木房子。同样地,游戏者可以运用这种思维打造这个积木房子内部的空间,将其打造成一个丰富的、有变化的、多层次的空间。

同时,游戏者还可以利用不同的材料营造出不一样的视觉效果。

而"积木式"思维就是这样一种搭建积木的空间思维能力。在"积木式"思维下,采用SCQA冲突点构建法构建的课程内容,可以看作是一块积木;采用4个"1"拆解法或汉堡包引导法打造的课程内容,同样也是一块积木。

在打磨内容时,你能够识别并拆开每一块"积木",并在不完善的地方补上大小合适的"积木",从而形成内容之间的空间感和层次感。

打造课程内容犹如在一个房间里面打造内部的空间,最终打造出一个具有空间感和层次感的室内空间。

本章小结

在本章中,我们探讨了如何构建引人入胜且轻松的课程内容。首先,我们归纳出了 3 个打造内容的套路。它们分别是:

好内容是理性与感性的结合;

切勿追求没有深度的广度;

善于用小案例发现大套路。

其次,我们学习了打造爆款线上课内容的 3 种基本方法。它们分别是:4 个 "1" 拆解法、汉堡包引导法、SCQA 冲突点构建法。这 3 种方法不仅可以单独使用,还可以嵌套使用来提升课程内容的丰富度。

最后,我们需要明白,打造更高级的课程内容,需要遵循两个步骤:

其一,灵活使用嵌套方式,提升内容的丰富程度;

其二,使用"搭积木"的思维打磨内容,让其更具有空间感和层次感。

第 5 章
塑造强烈的课程对象感

《论语》有云:"质胜文则野,文胜质则史,文质彬彬,然后君子。"对于一个德行出众的人来说,性情和礼仪缺一不可。对于做课来说,课程的内容和形式同样也要"两手抓"。

课程的标题、框架、内容是呈现的基础。没有这些基础,呈现得再好也不过是浮夸造作而已。但仅有这些基础,仅有优秀的课程编排,如果不能将其价值呈现出来,用户也不会为此买单。这就好比一部优秀的电影剧本,没有优秀的演员将其演出来,观众也不会去电影院观看,票房就不可能太高。

课程设计和呈现的关系就好比剧本和演员的关系,两者是互相成就的。好的内容加上好的呈现,才能成就一门好的课程。在上面的章节中,我们已经解决了"编、导、演"中的"编、导"部分,包括选题、框架以及内容的构思。

做完这两步,基本就解决了 80% 的做课内容方面的问题,剩下的 20%,就是我们接下来要如何演绎和呈现这门课。

在本章中,读者将学习如何塑造线上课程的对象感。课程是否能够发挥其真正的价值,取决于做课者如何呈现,课堂氛围能否吸引学员,让其自发地学习、宣传课程。

我们将从以下几个维度进行讲述:

首先,我们将学习如何打造身临其境的课堂氛围;

其次,通过提高用户对课程的重视程度,提高课程结构和内容的呈现力,多维度提升整个课程的呈现力;

最后,掌握反馈和反思两个增强课程对象感的技巧。

5.1 打造身临其境的课堂氛围

良好的学习环境是在线课程获得成功的重要因素之一。线上教学的痛点之一就是难以营造教学氛围，无法塑造良好的学习环境。

线下课程由于地点统一，便于组织，课堂氛围相对容易把控，比如在线下英语教学中，就可以通过构建英语的使用场景，较少地使用母语，让学生尽快进入英语学习的状态。但在线上教学过程中，用户是否听课，课堂反应如何，讲师都是难以把控的。换言之，学生的反馈对讲师来说是有延迟的，因此学习氛围的营造会比线下更加困难。

当然，困难不代表做不到。在本节中，我们针对这些问题，总结了3个解决之道。我们首先来看第一个解决之道——将用户具象化。

将用户具象化

所谓用户具象化，这是一种产品经理的思维，它更多的是服务于产品，为了更好地设计和销售产品。

在课程里，将用户具象化是为了理解用户。与线下课程相比，做课者无法与用户面对面交流、沟通。为了拉近与在另外一个时空里的用户的距离，做课者需要在脑海里将用户的特征进行具象化，给用户一个具体的

"定位"。线上课程是基于互联网与用户进行连接的。虽然线上教学拥有更大的自由度,用户可以不受时空的限制,这是线上教学的一大优点。

但是同时,这个优势也带来了新的问题。由于分享者与用户处在两个空间,有时候甚至处于两个时空,限制了两者的沟通效率和频次,讲师得不到教学反馈,学员有问题也不能及时得到解答。

在这种固有的限制下,讲师和学员的关系是割裂的,不仅讲师无法感受到学员的存在,学员也会感受到与讲师之间的距离。要解决这个问题,关键就在于在课程制作之初,课程分享者就需要考虑拉近与处于不同时空中学员的距离。如何拉近二者的距离呢?那便是将用户在脑海中具象化。

譬如,当你遇到一些行业信息,你会选择分享给你的同事或者同行业的人员。而当你遇到生活的小事情,你会选择分享给你的家人或者朋友。背后的选择都是基于你脑海里面对人员信息的分类处理。当我们做一门课程的时候,首先要考虑的一个问题就是:这门课程要分享给谁?

无论什么课程,都是针对特定群体的特定需求而生的。因此,我们在做内容前,就需要将用户需求信息具象成"真实的用户"。

譬如,做一门婆媳关系的维护课,那么我们的用户就是一群已经结婚并拥有这类困扰的女性。

再譬如,我们在做一门职场入门课时,听课者就是一群刚从学校毕业踏入社会的职场"小白",他们可能甚少有职场经验,并对此感到焦虑。我们首先要理解用户,然后才能满足用户的需求,才能更好地为用户服务。

理解的前提,就是将抽象的用户慢慢地具象化。用户越具体,课程对象感越强,与用户产生的共鸣也就越强。满足课程用户的需求,正是一门课程存在的意义和价值。

"你好" > "大家好"

打造身临其境的课堂氛围的第二个要点是用更为亲切的开场白,如打招呼的方式用"你好"代替"大家好"。有一个很多人都容易忽略的小问题,那就是大多数讲师往往会低估线上课程开场白的重要性。

对此,人们忍不住要问,不就是打招呼吗?为什么一定要纠结用"大家好"还是"你好"?所谓"天下大事必作于细,天下难事必作于易",一词之差给人的感觉却完全不一样。

这不仅仅是带给用户感觉的不同,更重要的是对讲师本身思维潜移默化的影响。那么,哪种打招呼方式更好呢?是"你好",还是"大家好"呢?

想要让用户更有存在感,只要简单的一句"你好"。

从人性的角度,人们都希望被尊重、被看见。这种现象的背后是一种人们希望得到重视、受到广泛关注的心理。即使是线上课程,做课者也要重视用户的存在感,并且让用户感受到自己能够被真切地注意到。

在课程的开头,我们与用户打招呼的方式就可以使用"你好",而不是

"大家好",这样就会让人感到更加亲切。这是因为,在一般情况下,"你好"会出现在人与人见面的场景。这个时候,我们是身处于这个场景当中的"人"。

在线下课程中,用"你好"的开场白,可以瞬间把我们与用户拉到一个场景当中,此时用户感受到的是我们与他面对面地打招呼。

如果使用"大家好",则给人的感觉更多的是一次演讲或者别的多人的场景,会让用户感受到其身处一个大的环境中,和"你好"的打招呼方式相比,距离感显然更大。因此,当我们在课程的开场时,选择用"你好"而不是"大家好"的开场白,更容易让用户进入认真听课的状态。一词之差,效果完全不同,对于追求细节的知识传播者来说,这点万万不可忽视。

对于分享者而言,希望得到倾听者的尊重和认可。对于用户来说,同样也希望得到知识分享者的尊重。做课者要帮助用户证明他的存在感,让用户感受到被重视的存在感。

让用户听懂你的知识

打造身临其境的课堂氛围的第三个要点,是让用户听懂你的知识。

如果用户理解不了我们在课堂上所讲的知识,那么后续的一切就都是空谈,更谈不上用户的持续付费。而让用户听懂知识的前提,是做课者要将知识讲明白。

我们的目的是让用户理解知识和技能,而不是扯一堆高深的概念,显得自己很博学。即使我们在做一门比较难懂的课程时,也要有化繁为简的能力,用最简单的语言去表达晦涩难懂的含义。

切勿假装自己是一位大师,用深奥的语言在用户面前卖弄。课堂的主体是用户,他们的身份是学习者,做课者是为学员服务的,如果他们连知识都听不明白，那么这堂课的意义就没有了。

因此，做课者千万不要本末倒置。只有用户听懂了，才有可能掌握课堂知识并运用起来。那么，如何能够做到尽可能让用户听懂呢？首先，在语言上，做课者尽可能地使用直白、简单的词语和简短的句子结构去完成表达。

其次，要能够让用户产生画面感，这会有助于用户对知识的理解。

对于这一点的检验方式，我们可以闭上双眼，听自己的讲稿，看看我们的脑海是否会有相应的画面。最后，试着以对话的形式去增加课程对象感。线上课程与文章等在传递信息方面有着天然的局限性——没有实时的反馈。

虽然直播方式下的线上课程可以获得用户的沟通，但是更多的做课者采取录播的方式进行课程教学。录播式的线上课程是一种单向沟通模式，类似于文章。这种时候，如何达到双向沟通的效果，就成了一个非常重要的问题。而解决这个问题的常见方法，就是在讲述一些知识时候，以对话的形式去展开。

打造一种身临其境的课堂氛围，让用户有代入感，是塑造课程对象感的第一步，也是让用户真正学到知识和技能的前提。因此，我们要重视这个步骤的工作。

5.2 提升课程呈现力的底层逻辑

无论课程内容如何精彩，干货如何充实，最终的产品都必然会以某种方式呈现到用户面前。而课程的呈现方式，则直接影响到用户的兴趣，以及对知识的理解和掌握。

更重要的是,课程呈现效果的好坏,直接影响到这门课的口碑,决定着课程的销量。那么如此重要的环节,做课者要如何做好呢?在本节中,我们将从1个定律、3个维度出发,介绍提升课程呈现力的底层逻辑。

"二八定律"

所谓"1个定律",即"二八定律"。"二八定律"最早是解释社会财富分配的一个定律,后来泛指事物中20%的部分与剩下80%的部分所发挥的作用比例是相反的,如图5-1所示。

该法则又被称为巴莱特定律、关键少数法则,广泛应用在社会学及企业管理学领域。这里的20%和80%并非实数所指,更多的是指代小部分和大部分的意思。

"二八定律"的适用范围非常广,对于课程制作来说,如何呈现就是那个20%的部分,但是这个仅占了课程制作20%的工作,却对最终效果有着80%的影响。

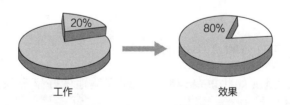

图5-1 "二八定律"

做课程就好比生产一个产品,首先要把它设计出来,然后才能制作,并最终进行包装及宣传。前两步决定了课程的内容质量,往往需要花费大量的时间进行打磨和制作,但真正能让用户体验到课程质量的,却是第三步，即课程的呈现。

课程能不能成为"爆款"，关键还要看这最后一步。这就好比一部电影或电视剧，首先需要进行制作立项、场地准备、演员招募、剧本打磨等工作，然后才是导演以及拍摄、后期剪辑等工作。

无论前期准备多么充分，剧本打磨多么完美，如果演员呈现不够，后期剪辑糟糕，那么剧本再好，在观众看来，这都是一部不合格的影片。哪怕前期剧本打磨花费了80%的时间，只要最后这呈现的20%做不好，都不可能让观众满意。

同样地，在培训活动中，也存在着"编、导、演"三者的角色：

编，指的是如何去设计专业课程；

导，指的是培训师对教学资源的掌控能力；

演，指的是培训师运用表达技巧最终呈现的效果。演的水平决定了这次培训是否成功，是否得到学员的认可。

总而言之，课程呈现的重要性已经不言而喻了。在课程设计的整个流程中，课程呈现是那个重要的少数事物，是让课程起到事半功倍效果的那个因素。

提升课程呈现力的3个维度

既然课程的呈现如此重要，那么如何完美地做好呈现呢？课程的呈现由3个维度来决定，分别是课程的重视程度、课程结构、课程内容。

（1）用户对课程的重视程度。这个维度是做课者最容易忽略却又非常必要的。

做课者要让用户在开课之初就对课程的重要性有足够了解，对课程有足够的重视。假如用户对课程的重视度不够，那么就说明用户对这门课的需求很低。

重视，是对某种事物的关注度。用户对一门课程的重视程度，反映的就是用户对它的需求程度。因此，提高用户对课程的重视程度的方法，就是提升用户的需求，如果用户的需求低，那就想办法挖掘其需求。

（2）课程结构。课程结构也称课程的全貌，是指将课程内容有机联系起来的方式。

课程结构是将课程目标转化成课程成果的骨架，它好比是人类身体的骨头结构。这一部分直接决定了用户在上完这门课程之后，能不能形成完整的知识网络，能否用于实践，其重要性不言而喻。

（3）课程内容。如果把做课的过程比作建房子，那么结构就是钢筋框架，而内容则是在钢筋上填充的建筑材料。

和第二维度不同，这一部分的好坏具体决定的是用户对某一个具体知识点的理解程度。只有将课程结构和课程内容进行有机配合，才能保证用户能有最好的学习效果。

在接下来的内容中，我们将分别从这3个维度出发，具体分析如何提升课程的呈现力，从而塑造课程的对象感。

5.3 展现课程的重要性

用户的重视程度代表着用户对课程的关注度以及需要程度。因此做课者需要在课程宣传时，注重挖掘用户的需求，强化用户对课程的重视度。

当一门课即将推向市场的时候，我们往往需要用1~2分钟的时间，以线上视频的方式进行课程宣传。在2分钟之内，其实是很难完整地讲述课程的具体细节的。此时，做课者最好将这门课程的重要性陈述出来，告诉用户学习完这门课之后能够解决什么痛点。

当用户开始关注和重视这门课程，就证明用户能够注意到这门课的价值。在本节中，我们将介绍展现课程重要性的两种方法——冲突对比和延展类比。

通过这两种方法的运用，做课者能够将课程的重要性传达给用户，使他们对课程产生兴趣。

冲突对比

冲突对比类似于上一章分享的"汉堡包结构法"。通过一个正面案例和一个反面案例的冲突、对比，将差距呈现出来。

通过这种方法描述案例，很容易让用户产生代入感。形成强烈对比的画面能够击中用户的需求，唤醒他内心对这门课程的渴求。

一旦用户对课程产生了强烈的需求，那么用户购买课程的概率就会大大增加。冲突对比的方法，是一种类似于玩找茬游戏的思维模式。在日常生活和工作中，随处可见有冲突对比的小故事。

比如，通过将一个拥有良好沟通能力的人与一个不懂得人际交往的人进行对比，突出他们最终事业成长路径的不同，强化沟通在职场中的重要性。这样更能击中那些因为沟通问题，而使自己遭遇职场不顺的人群的痛点。

延展类比

什么是延展类比？延展类比是通过一些类比和比喻，更加形象地传达我们的观点，以便于学员理解。

那么怎样通过这种方法传达课程重要性的信息呢？下面我们将通过以

下两个案例来展示，如何运用延展类比去提高用户对课程的重视度。

案例① **用大象的成长类比重视沟通中的小问题**

如果我们想要让用户重视那些沟通中的小问题，可以以房间里进来一头大象作为类比。

比如，今天房间里突然进来了一头小象。你觉得这头小象并不大，对自己的生活并没有什么影响，也就放任它在房间里面乱跑。慢慢地，这头小象越长越大，变成了一头大象，把吊灯、杯子给弄坏了。这个时候，它开始对你的生活产生了不良影响。

可当你想把它赶出去的时候才发现，除非把门拆掉，不然它已经不可能出去了。这头小象就好像我们在生活中遇到的一些沟通上的小问题。

一开始，这些问题很小。虽然我们意识到了这些问题，但是由于这些小问题并未造成大影响，因此我们往往会假装没看见，懒得去解决。

而当这些问题慢慢变大，并最终对你的生活产生影响的时候，你才遗憾地意识到，除非付出巨大的代价，不然问题已经不可能解决了。听完以上的陈述，我们的脑海里很容易浮现一头小象慢慢长成大象的场景。

如果我们能在课程呈现过程中多使用延展类比，将沟通中的小问题予以形象化，就能让用户更好地体会到这个小问题的严重性。

案例② **用分割绳子类比时间的紧迫性**

如果我们想要让用户重视时间的紧迫性，可以用绳子的长度分割作为延展类比。

人类无法感觉到时间的流逝，因此，即使你告知别人或者被告知时间宝贵，要抓紧时间去完成想要完成的事情，人们也很难真实感受到时间流逝的迫切感。

那些年轻人一边嘴上念着"一寸光阴一寸金",一边虚度光阴,把时间浪费在打游戏上。相比老年人,年轻人对时间流逝的知觉更加模糊。

在这种情况下,要体现时间的紧迫性,就可以把生命的长度比作一条绳子,让无法感知的时间变成一个具体、常见的物体。假设你有一条固定长度的绳子,你将这条绳子砍掉一半。砍掉的这一半绳子代表的是吃饭、睡觉的时间。你每天花在吃饭、睡觉上的时间是你人生一半的时间。

然后,再将这条绳子砍掉一半。这次砍掉的一半是人生前面20年的读书时间以及老年时无法工作的20年。这条绳子仅剩下原来的四分之一。这四分之一的时间还要扣掉花在社交、娱乐活动上的时间。

因此,你的人生可以用来工作的时间是很少的。这样一来,时间的紧迫性就体现出来了。工作并不是人生的全部。我们工作的时间占整个人生的比例仅有那么一小段。所以在我们可以工作的时候,就应该抓紧时间,把握机会去完成我们想要做的事业。

在这一小段时间里,如果我们抓紧时间去努力工作,不仅能够保证人生前面20年读书的时间转化并创造社会价值转换,还能保障老年时无法工作的20年的生活质量不会下降。

将问题具象化,就能避免总感觉自己拥有"一整条绳子"的错觉,从而更直观地意识到时间的宝贵。

通过以上两个案例的延展类比,我们能够将课程的重要性完整地展现到用户面前,从而起到宣传课程的作用。事实上,在运用冲突对比、延展类比等两种突出课程重要性的方法时,我们要善于运用生活中常见的物品或容易理解的小场景进行讲述。

当我们把熟悉的场景描述完后,由于场景都是生活中熟悉的东西,就可以让用户更直观地感受到这件事情的重要性。

5.4 提升课程结构和内容的呈现力

除了彰显课程的重要性,我们还需要学会提升课程结构和内容的呈现力。课程结构和课程内容有什么不同?结构是对课程知识的组织和安排,内容是对课程知识的叙事或者描写的部分。

课程的结构就好比身体内部的骨架、房子内部的钢筋结构,而内容就好比是骨架上的肉、房屋钢筋上填充的建筑材料。本节我们将描述课程的结构和内容。首先,我们需要明白一个结构理论,即"Why—How—What"理论。

高手的"黄金三圈":Why—How—What

"Why—How—What"理论是做课高手都在运用的课程结构理论。我们也可以将其称为"黄金圈法则"。做课高手往往会从内圈到外圈去进行陈述。

首先,他们会告诉用户学习这门课的理由是什么;其次,说明用户应该采用什么方法学习这门课程;最后,阐述学完之后能够有什么收获。

先模糊,再清晰,也就是按照"Why—How—What"的顺序进行,如图 5-2 所示。

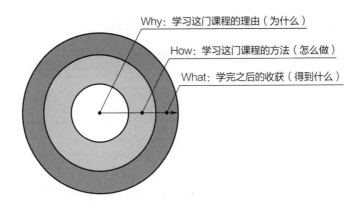

图 5-2 "Why—How—What"理论在课程结构上的运用

与之相反,很多做课新手则习惯性地从外圈到内圈去陈述,甚至只讲述"What",这是一种误区。

刚开始做课时,我们很容易会陷入这类顺序颠倒的误区而不自知。只要我们能够把顺序调整过来,那么,我们离成为做课高手就更近一步。接下来,我们看看"黄金圈法则"应该如何应用。

一个典型的案例是苹果前 CEO 乔布斯在"苹果 4"发布会上的演讲。

再比如,马丁·路德·金的演讲《我有一个梦想》同样也使用了"黄金圈法则"。首先,马丁·路德·金讲述了黑人在种族歧视下受尽了煎熬。然后,他讲述了他有一个梦想。最后,他提出了他的梦想:"人人生而平等。"如此一来,结构清晰,论证严谨,就能让听众对观点有更好的接受度。

我们再以如何打造一门好课为例,用"Why—How—What"的顺序来设计这门课程的结构:

- 第一步,大家为什么要做这门课?现在是人人为师的时代。每个人都有自己独有的经验,可以封装知识进行变现,因此学会如何做课就变得非常重要。

- 第二步，大家如何做这门课？为了满足这个时代的需求，我们花费了几年的时间，开发了很多课程，并积累了很多实战经验，譬如，爆款背后的逻辑是什么，课程该如何定价，课程的营销策略等。
- 第三步，做一门好的课程，大家应该从哪几个方面入手。

通过这样条理清晰、结构明朗的阐述，"打造一门好课"这门课程的核心要素已然全部呈现在用户眼前，自然会有感兴趣的人前来学习。这便是"黄金圈法则"的优点。黄金三圈属于逆向思维。将"为什么"传达好，让人们从心里接受和跟随，就能让课程效果上升一个层次。不在于传递"是什么"的信息，而更多地在于给出"为什么"的理由。

我们总以为，人们最在乎实现供需匹配，其实人们更在乎的是信念的契合。毕竟，行为是思想的表现。只有认同理念的人才能成为你的用户。

按照构建思路讲解内容

课程结构搭建起来后，我们就可以填充内容了。讲解内容是相对简单的，只需要按照构建思路进行讲解即可。

在第 4 章中，我们已经学习了填充一堂轻松的课程内容的 3 种方法。每种方法都是一种构建内容的思路，也是讲课的逻辑。如果内容是采用 4 个"1"拆解法打造的，我们只需要按照这个方法的 4 个步骤，将每个步骤的内容完整地讲出来。

此外，内容呈现还有一个技巧：把最重要的内容往前放。为什么要把最重要的内容往前放呢？

因为"开门见山"的方式能够比"犹抱琵琶半遮面"的方式给用户带来更好的体验。用户的目的是学习知识，而非看悬疑故事。

单刀直入的方式更符合"奥卡姆剃刀律"，用户的体验感也更佳。在使用这种呈现方式的时候,应当将重点内容归纳在每段的第一句话里,切记不要将其分散在文段之中,让用户自己去找。

这样做的理由有两个。

其一,将"重点前置"可以确保用户能够直观了解整段文字或整篇文章的中心思想。

其二,列举重点可以抓住用户的兴趣。

把"重点前置"的习惯需要做课者慢慢养成。做课者在前期可能需要花费一点心思去培养和纠正,当形成习惯后,课程的输出会变得轻松而愉悦。到这里,我们已经学完 3 个提升课程呈现力的方面。除了从这 3 个维度去提升课程呈现力,还有其他提升课程呈现力的技巧吗?

答案是有的。我们还可以做课堂小结。

学会做小结

做小结是一个容易做到但又很容易被忽视的小技巧。

什么是小结?小结是指针对一小部分的内容进行一个总结。

为什么做课堂小结很重要?因为线上课的用户在上课时很容易走神,做小结可以将用户的思绪拉回课堂,并告诉用户他走神时候的内容重点,从而让用户可以更加轻松地接着学习后面的内容。

这就好像我们在看电视剧时,在每集开始之前,都会有一个剧情回顾一样,帮助观众厘清前面的重点剧情,才能更好地衔接不同剧集,避免割裂。如果在上课过程中,我们能够尝试着间隔 3~5 分钟做个小结,这并不是多么困难的事情,但却能够带来巨大的效果。

一个人能够专注的时间并不长。一般来说,一个人高度专注的状态只能维持 15 分钟,最多不会超过 20 分钟。这么一来,我们就可以把 15 分钟作为一个单位时间，在这个单位时间里，我们用 3~5 个小结帮助用户将可能因走神而错过的内容补齐。最后，在每节线上课结束前，我们还需要一个课堂总结。相对小结，课堂总结是对这一整堂课的高度归纳。

做课者这样做，就能将一节课完整、高效地呈现出来，而听课的用户也会收获满满。

5.5 塑造强烈对象感的两个诀窍

在前面两节的内容中，我们学习了三种提升课堂呈现力的科学方法，并阐述了用做小结的方式帮助走神的用户回顾线上课堂的内容重点。

此外，还有两个诀窍，可以帮助课程的呈现力再迈上一个台阶。这两个小诀窍分别是反思和反馈。在本节中，我们将来学习这两点。

反思：是否悟透课程

增强对象感的第一个小技巧是学会反思。反思是指反问自己："你真的理解这门课程吗？"当我们回顾过去的时候，是否遇到过这类情况：

在分享某个知识点的时候，无论怎么解释都无法让别人听明白；

当别人问我们一个问题的时候，虽然记得自己学过，却无法清晰地表达出来。

为什么会出现这种问题？究其根本，就是因为我们对要分享的知识一知半解，看似懂了，其实没懂。这在学生时代非常常见，总觉得自己将知识都掌握了，可是到了考试时，题目却做不出来。此外，为了提升自我知识储备，很多人选择阅读这种最经济的方法。

虽然阅读是一件非常有价值的事情，但很多人对书籍的理解仅停留在表面，并没有真正吃透里面的知识点，这也是为什么有很多人"明明懂得很多道理，却依然过不能完成一件事"的原因所在。因此，要真正传递知识，让用户理解知识，做课者首先要做的就是经常对课程进行反思，自己先吃透知识。

吃透我们所分享的课程内容非常重要，先问自己一些问题：

我是否真的把这门课程弄懂了？

我是否把里面涉及的知识悟透了？

如果连我们自己都没有将这门课程弄明白，那么我们的用户能弄明白吗？这就是"要想给学生一滴水，首先自己要有一桶水"的道理。那么怎样算是把课程悟透了？

其一，如果我们能够将课程知识融会贯通、灵活应用、举一反三，那么就算是把课程的知识点理解透彻了。如果我们无法判断是否把课程知识点都理解透彻时，应该把知识点应用到实践中去。实践出真知。我们是不是真的理解了，实践一下就能够明白。

其二，当我们能将知识讲得通俗易懂，能用简单的语言表达出来的时候，我们就有资格把知识分享出去了。

其三，当我们听自己的课程时候，不会对某个知识点感到疑惑且能够认可这种描述方式，就代表基本对知识掌握透彻了。

反馈：即时检阅做完的课程

增强用户对象感的第二个小技巧是学会做反馈。

什么是反馈？这里所说的反馈是指在完成课程制作后，把自己置于旁观者的位置，多次收听课程录音并给予课程积极的改善意见。为什么要从旁观者的角度去看待课程呢？站在旁观者的角度，我们能够用一个相对客观的角度去思考这门课程。

这里指的反馈是给到用户前的反馈，能够保证课程或产品到用户手上是优质的。正面的反馈，可以确保课程质量；负面的反馈，是为了优化课程，使课程达到一定的质量水准。因此，做课者在完成课程制作后，间隔1~2天的时间，需要把自己从做课者的身份移到旁观者的角度去重新感受这门课程。

在收听课程录音的过程中，我们可以检查一下自己是否有以下的感受，如课程时间是否过长、语言是否啰唆、知识点是否能听明白等。

如果出现以上负面的反馈，那就意味着需要继续对课程进行打磨和优化，直到课程没有明显的硬伤。那么，课程要打磨、优化到何种程度才算合格呢？

当我们在收听自己的课程时，无论是第一遍还是第几遍，依然发自内心地觉得这门课程还不错，值得一听。这时候就证明课程过了自己这一关，这也是呈现给用户之前必须要过的一关。反思和反馈是两个增强课程对象感的小技巧。

这两个技巧有助于做课者站在用户的角度去完善课程的细节，从而提升用户对课程的满意度。用户满意度是课程是否成功的重要标准之一。为了提升用户满意度，做课者需要从多方面做功课。在这一章里，我们主要围绕提升课程的对象感，让做课者更多地站在用户的角度去理解用户、优化课程。做课者要始终牢记服务于用户的原则，才能打造出高质量的课程。

本章小结

在本章中，我们探讨了如何塑造课程的对象感。首先，我们归纳出3个打造课堂氛围的方法：

将用户具象化；

拉近与用户的距离，用"你好"代替"大家好"，打造面对面的听觉感受；

让用户听懂你的知识，理解课程价值。

其次，我们学习了提升课呈现力的3个方面。

简言之，做课者要提高对课程的重视程度，用"黄金圈法则"设计课程的结构，并按照构建思路讲解课程内容，以此提高课程的呈现力。

再次，要学会做课堂小结，并在每一节课堂的结尾，做课堂总结，以此拉回用户注意力，帮助用户厘清知识的脉络，突出知识重点。

最后，做课者需要掌握两个增强课程对象感的诀窍：反思，知识要悟透；反馈，站在旁观者的角度进行课程的完善。

第 6 章
探索原创课程的底层逻辑

古语有云:"主大计者,必执简以御繁。"世间万物,林林总总,千变万化,我们要在纷繁复杂的事物中找到规律,以求得最有效的发展。

做课这件事情也是同样的道理。做课者的时间和精力是有限的,不可能事事亲为,将所有细节都兼顾到。因此,"学会抓住事物的底层逻辑,以简御繁"就成了破局之道。

所谓底层逻辑,就是事物背后的本质原理。譬如,国内某头部互联网企业虽然涉猎的业务很多,但它们的底层逻辑却是相通的,后续的一切都是在这个底层逻辑的基础上发展出来的。

那么爆款线上课程的底层逻辑是什么?它的底层逻辑是原创的知识模型。换言之,每一门线上课程之所以能成为"爆款",都是基于其背后那套原创的知识模型。原创知识模型的意义不仅仅让用户获得更好的体验,还能形成自己独有的IP,并使之快速传播。

只有创造出一套原创知识模型,课程才能形成差异化价值,从而拥有独特的竞争优势,给用户留下深刻印象,广泛传播,并最终实现课程 IP 化的目标。

在本章中,我们将探索原创课程的底层逻辑:

其一,我们要意识到原创的知识模型是课程 IP 化的基石。

其二,我们会分享打造课程 IP 化的心得。

其三,我们将学习 3 种课程 IP 化的方法,即"要素重构法""图形示意法""矩阵思维法",让它们为原创课程添砖加瓦。

6.1 什么是课程 IP 化

对于知识付费赛道而言，产品 IP 也就等同于课程 IP。IP 是什么？亚马逊创始人杰夫·贝佐斯曾言："你的 IP 就是人们私下对你的评价。"如今，无论是个人还是企业，都已经意识到 IP 对自身的影响力。

所谓个人 IP，就是指个人对某种成果的占有权。而实现个人 IP 的前提则是打造产品 IP 化，对于做课者来说，就是课程 IP 化。在本节中，我们将阐述课程 IP 化的概念及作用，并简要介绍构筑课程 IP 的 2 个心法和 3 个技法，帮助大家对课程 IP 化有一个基本的认识。

课程 IP 化的基石

课程能够实现 IP 化的前提是建立原创的知识模型。它能够让课程更加便于传播。只有课程被广泛传播，才有可能集聚口碑，从而形成个人品牌。

在互联网时代，个人品牌将是品牌最好的护城河，因为它将品牌与某些特质绑定在一起，难以复制。

就像一提起电影《阿甘正传》里的阿甘，人们就会立马想到诚实、守信、勇敢、坦荡等人物形象，这种形象是无法复制的。那么，做课者如何创造一种新的知识模型呢？

新的知识模型一定要在逻辑上自圆其说。这里的原创逻辑与前面涉及的设计框架的逻辑是相似的。原创知识模式是为了实现课程 IP 化，而课程 IP 化则是为了让课程更受用户青睐，并更容易广泛传播。只有这样才能形成一定的影响力，从而实现课程的价值显现。那么问题来了，为什么课程 IP 化之后就更容易传播了呢？

举几个简单的例子。

提到苹果手机，我们就能想起流畅的操作体验；提到小米，我们能够联想到"米家"生态链等。这种品牌和特质的强烈绑定，可以极大地降低品牌的营销成本，增加用户黏性，提高品牌传播度。

IP 使得品牌不仅仅是一个商标，而是成了某种符号，占领用户的"心域"。这就是 IP 化的意义和价值。作为知识输出者，我们的品牌 IP 化需要通过课程 IP 化来实现。而课程 IP 化则更多的是让自己的知识在网络上有独一无二的代码，在互联网上留下自己的符号。

具体而言，做课者应该如何实现课程 IP 化呢？课程 IP 化需要具备以下 3 个特征：

能够吸引流量；

拥有不错的口碑；

能够变现。

一门课程只有能够在信息量巨大的互联网上吸引用户的注意力，并且能够让用户对课程有正向反馈的同时还愿意为之付费，这门课程才有可能最终实现 IP 化。

构筑课程 IP 的 3 个技法

如何通过有效的方法实现课程的 IP 化？主要有 3 个方法：

"要素重构法"；

"图形示意法"；

"矩阵思维法"。

我们先对它们做一个简要的阐述。

（1）"要素重构法"。

这种方法需要把课程要素拆解出来，并通过提取关键字，构建成能够被人们广为熟知的概念。

譬如，一门成功的课程，主要内容可以用"定位 + 逻辑 + 内容 + 爆点 = 成功课程"这个公式来概括。

公式里的每一个要素代表着这门课程的一块内容。用户也能通过这么一个简单的公式快速获取这门课程的主要内容框架。"要素重构法"不仅适用于一门课程的框架构建，同样也适用于一节小课的框架构建，甚至对于一个几分钟的小视频，都是同样适用的。这种方法是一种较为通用的方法。我们在大部分情况下，都可以选择此方法去构建一个课程的视频。

（2）"图形示意法"。

这种方式是用不同的图形将课程的思路直观地表达出来，如嵌套图、交集图、关联图、鱼骨图、三角形等。相比于通用型的"要素重构法"，这种方法更加适合于构建宏观的东西，譬如一门课程的大框架等。

（3）"矩阵思维法"。

这是一种通过对问题进行矩阵式分析的思维方法。相比适用于宏观的"图形示意法"，矩阵思维法更加适用于构建微观的框架。

譬如，在讲到时间管理的时候，很多讲师都会采用象限法则，用X轴、Y轴来代表重要程度和紧急程度，从而让人们更加容易地做好时间的分配。这其实就是一种"矩阵思维法"。

在本章接下来的内容中，我们将具体阐述构筑课程IP的3个具体方法，帮助做课者创造出属于自己的原创知识模型。

6.2 构思巧妙的"要素重构法"

"要素重构法"指的是将这门课程的所有内容进行要素提炼，并用公式对要素进行组装，形成一个与用户连接的接口。这是一种非常通用的方法，也是我们做原创课程的必备方法。

在本节中，我们首先来具体介绍"要素重构法"的要点及运用技巧。

拆解封装，精炼接口

"拆解封装，精炼接口"是"要素重构法"的第一个要点。

譬如，我要分享一个关于"个人IP"的课程，而这门课程由流量、口碑以及流水三个模块组成，此时我们就可以通过拆解这门课程的模块要素，形成一条内在链条，我们可以将其称为"流口水"，即："流量＋口碑＋流水"。

流量即课程的收藏量、关注量等；

口碑即课程的评分；

流水是这门课程的购买量，即它能够创造的现金流。

而对应的接口就是"个人IP具备什么特征"。这么一来，课程要点容易记忆，课程内容也更为直观，自然能给用户留下深刻印象。

再譬如，有一篇介绍稻盛和夫的文章，其中提到稻盛和夫将他自己的人生经验总结成了一个公式：

$$人生的工作结果 = 能力 \times 热情 \times 思维方式$$

他借助这个公式，帮助那些迷茫的年轻经营者看清楚经营的本质。

从这个公式我们不难看出，一个人想要得到理想的人生结果，必须要同时具备能力、热情和思维方式。如果一个人能力很强，但缺少工作热情，那么他的事业也走不了多远。在这篇文章中，核心链条就是"稻盛和夫阐述的关于人生工作结果的公式"，而其接口是"你想获得一个美满的结果吗"这个问题。通过这个公式，年轻的经营者很容易就能够与这个接口连接。

年轻经营者想探寻到如何获取美满的工作结果，基于这个简单的"问题接口"，给出了"人生的工作结果 ＝ 能力 × 热情 × 思维方式"这一较为复杂的答案。

通过一个用户群体都想探寻的问题，给出一个有价值的答案，这就是所谓的"拆解封装，精炼接口"逻辑。

链条构建＋数学思维

"要素重构法"的第二个要点是链条构建加上数学思维。链条构建是指将某个分享的知识拆解出多个元素，并利用这些元素的关系来构建一个核心链条。

数学思维指的是寻找被拆解出来的元素之间的数学关系，并将其组建起来。

譬如，将一个人的表现分解为技能、意愿和资源，那么链条构成的公式就是：

$$表现 = 技能 \times 意愿 + 资源$$

在这个公式里，"技能"与"意愿"是用乘号连接的，代表着两者是不可或缺的关系，其中任意一个方面为零，整个组合最终的结果就是零。

而"技能×意愿"与"资源"两者则用加号连接，表示只需具备加号前后两端中的一个因素，这个人的表现都可能是优异的。在这个公式的基础上，我们还可以进一步分解。技能可以分解为知识和技巧，形成两个公式：

$$技能 = 知识 + 技巧$$
$$意愿 = 自信 \times 动机$$

我们再举一个例子。一个人的潜能是他的表现扣除受到干扰的影响所呈现出来的样子，公式可以这样列：

$$潜能 = 表现 - 干扰$$

如果你希望你的孩子能够发挥出应有的潜力，那么你要做的就是减少干扰。

这样的公式多如牛毛，在很多问题的解决上简单直观。我们需要做的是,将某个概念的影响元素尽可能找出来,寻找它们之间的数学关系,并将其合理地连接起来。

6.3 宏大布局的"图形示意法"

构建课程 IP 的第二技法是"图形示意法"。相比通用的"要素重构法",这种方法更加适合于宏观思路的总结。

在本节中,我们分享 5 种主要的图形,它们分别是:嵌套图、交集图、关联图、鱼骨图以及三角形。它们可以用来示意课程内容的关系。至于选择哪一种,可以根据实际情况自由安排。

嵌套图

嵌套图可以形象地描述成一个大圈套着小圈、小圈里面还有小圈的图形。它犹如在湖中投下一块石头,引起了层层涟漪而形成的图案。这种图案适合形象化概念之间的逻辑包含关系,让读者可以清晰地看到整体与局部。

譬如,私域流量的圈层理论就运用了嵌套图,如图 6-1 所示。

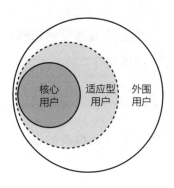

图 6-1 私域流量的圈层理论

交集图

交集图是用来直观地表示某些条件或事物的重叠关系,而其中重叠的部分就是我们所需要的解决方案。在学习如何找选题的时候,我们已经接触过交集图了,如图 6-2 所示。

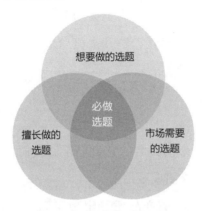

图 6-2　课程选题方向的交集图

当我们把我们能够做的课程、市场需要的课程以及我们喜欢做的课程的交集画出来,我们要做的选题也就一目了然了。

交集图的应用范围很广,对于解决问题的帮助很大,除了选题之外,它还能帮助我们选择合适的工作。譬如,在我们因为选择什么样的工作而迷茫时,就可以通过画出交集图辅助选择。

当我们把我们喜欢的工作、市场需要的工作以及我们能够做的工作这三者的交集图画出来后,交集的部分就是适合我们做课的工作。

关联图

关联图就像一个大齿轮带着另外的小齿轮,可以形象地展示不同概念之间的相互影响,帮助我们更好地抓住主要矛盾和核心问题。

一个人如果要努力拓宽自己的视野，虽然拓宽视野这件事情很难，但是推动这样一个大齿轮转动却是很值得的。

因为一旦视野这个齿轮转起来了，跟它关联的小齿轮，如认知、能力、行为也会随之转动起来，如图6-3所示。毕竟，这几个概念之间是互相影响的。

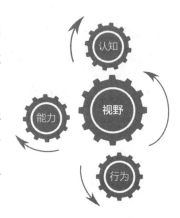

图6-3 拓宽视野的关联图

鱼骨图

鱼骨图因与鱼骨相似而得名，它可以帮助我们更好地分析出某一问题的根本原因，也称为因果图或石川图。

譬如，如果一家企业的产品质量出现了问题，就可以使用鱼骨图的"人、机、料、法、环、测"来找出问题的根本原因，如图6-4所示。

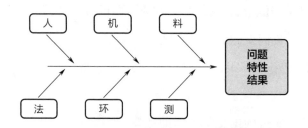

图6-4 企业产品质量原因分析的鱼骨图

三角形

最后一个示意图形是三角形。生活中很多问题都可以分成3个要素，而且，我们知道，三角形是最稳定的，我个人特别喜欢这个简单又实用的图形。譬如，一家企业的管理理念是"企业＝纪律＋成长性＋温暖"，如图6-5所示。

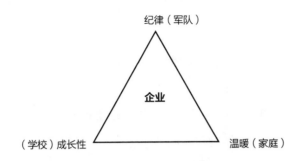

图 6-5 "企业 = 纪律 + 成长性 + 温暖"的三角形

一家企业有流程，有规范，企业的纪律需要像军队的纪律一样严格；它能够给员工提供成长空间，它的氛围要像学校一样，能够促进员工成长；企业员工之间有关怀、温暖，它的文化需要像家庭一样充满着人情味。

一言蔽之，一家企业既有军队的规矩，又有学校的成长性，还有家庭的温暖。

"图形示意法"的优点在于能够将抽象的课程概念具象化，使课程不再枯燥和无趣。因此，做课者在设计宏大构思的课程时，可以用到这个方法，以帮助学习者能够更好地理解一些学习的概念。

6.4 精细巧妙的"矩阵思维法"

原创知识模型的第三种技法是"矩阵思维法"。"矩阵思维法"也叫作二维思维。它比线性思维多了一个维度，更能折射出思维的魅力。它又比三维思维少了一个维度，少了些许的复杂。因此，矩阵思维法是有着诸多优点的常用思维方式。

二维思维

二维思维指的是面型思维、乘法思维、矩阵思维。这种思维研究的是两个维度的因素交互作用和影响,既便于理解又不至于过于简单,复杂程度刚刚好。举个简单的例子,当我们说"管理者要提升激励员工的能力"。这里只谈了激励能力,是一维思维的观点。

如果我们说,"管理者要学会用物质激励,也要用精神激励。"这里将激励分为物质和精神两个层面,就属于二维思维。

如果我们说,"管理者要学会用过去的成功来鼓舞员工的士气,还要学会用现在的成绩来激发员工的热情,更要学会用未来的远景来激励员工的斗志"。这里把激励拆分成过去、现在、未来三个时间层面,就是一个三维思维的观点。既然这三种思维各有特点,那么为什么做课者最好选择二维思维进行做课呢?

那是由二维思维独特的优势决定的。

优势突出的二维矩阵

二维思维也被称为矩阵思维。把这种思维运用到实践中,通常是先把概念拆解为两个要素并以此来构建 X 轴、Y 轴,组成两维矩阵,从而概括课程内容。譬如,时间管理四象限法则中的 X 轴、Y 轴分别表示一件事的重要程度和紧急程度。

事情被划分为重要但不紧急的事情、重要且紧急的事情、不紧急也不重要的事情和紧急但不重要的事情,分类完之后,事情的优先级就一目了然了。我们前面学习过,可以根据性感和理性两个要素对课程进行分类。运用矩阵思维法,课程就可以分为有吸引力的好课、"肥头大耳"型课程、"空虚无聊"课程、"骨瘦如柴"课程等。

第 6 章
探索原创课程的底层逻辑

这样厘清概念，就使得知识变得清楚、一目了然，十分有利于学习者的学习。

我们还可以借助原创的知识模型去探寻知识。原创的知识模型能够给人留下深刻的印象。而原创模型的核心能力是拆解和重构，也就是把内容拆开再重新组装。在本章中讲到的三个具体办法能够帮助你原创模型，使课程 IP 化。

本章小结

1. 课程 IP 化的基石是原创的知识模型。我们要将课程打造成某种符号，占领用户的"心域"。这就是课程 IP 化的意义和价值。

2. 课程 IP 化的 3 个方法分别是："要素重构法""图形示意法""矩阵思维法"。

3. "要素重构法"是一个通用方法，适用于多个课程场景；"图形示意法"更加适用于宏观的内容；而"矩阵思维法"则更加适用于微观的内容。

4. 根据课程的类型和特点，做课者自行选择合适的方法，构建属于自己的知识模型。

线上课制作：
如何做出一门好课

运营实战篇

第 7 章
定位知识 IP 个人模型

互联网时代个人 IP 的不断崛起，印证了潮流艺术家安迪·沃霍尔在 50 年前说过的话："每个人都有 15 分钟的成名时间。"在这个时代，不论你是学富五车的法学教授，还是热爱生活的美食家，你都能够打造个人的 IP 价值。

譬如，云南某位美食博主，其个人 IP 带动了当地农业和旅游业的发展，做到了"一个人顶一群人"。

在这个时代，个人 IP 的影响力和经济价值显而易见。如果要入局自媒体，在个人 IP 上分得一杯羹，个人定位是首要问题。正所谓"方向不对，努力白费"。因此，个人精准定位是成功的关键因素之一。

在上一章中，我们阐述了课程 IP 化的概念和方法。而在本章中，我们将针对做课者本人，阐述如何做好个人 IP 定位模型。

首先，我们要明白一个前提，那就是清楚做个人 IP 的好处。

其次，我们要知道整个时代的转变，理解整个商业时代进步的方向。毕竟，时代背景的转变直接影响了 IP 建设的方向与作用。

最后，也是最重要的，我们要理解做个人 IP 的整个经营链条该如何构建。

7.1 为什么要构建知识 IP 个人模型

互联网让普通人通过一部手机就能与全世界连接。当我们发布一段视频或文字时，潜在观众或读者可以是世界各地的人。可以说，互联网给了每一个人提升个人影响力的机会。英国小说家布尔沃·利顿有言："思想的价值和思想的影响力是成正比的。"

从商业经济角度看，个人的影响力能够撬动和放大个人价值的变现能力。在互联网时代，个人 IP 是个人影响力的杠杆，可以放大个人价值，从而提高个人能力的变现水平。

因此，普通人想要大幅度提升自己的收入，IP 杠杆是一个值得尝试的方面。在本节中，我们将从构建知识型 IP 个人模型的作用和观念的转变出发，阐述做课者为什么需要构建知识 IP 个人模型。

构建知识 IP 个人模型的 5 个作用

既然个人 IP 是这个时代具有重大影响力的工具，那么它到底有哪些具体作用呢？我们可以从 5 个方面进行分析。

（1）个人 IP 意味着你的任何项目的启动都无须从零开始。

因为个人 IP 是我们在某个垂直领域里号召力的体现，其影响力不会中

第 7 章
定位知识 IP 个人模型

断消失,这可以极大地节约我们的创业成本,提高成功概率。

此外,打造 IP 的过程本身就是一个让个人经验得到增值,并能够产生持续效用的过程,对个人能力的磨炼毋庸置疑。

(2)有一句话说得好:"一百人的销售团队干不过一个抖音号"。

这一现象说明,一个优秀的个人 IP 创造的价值已经远远超过传统意义上的销售团队。在短视频迅猛发展的时代,这已然是一个共识。可以说,个人 IP 对个人影响力的放大,是过去难以想象的。

(3)个人 IP 等同于一个品牌的招商部门。

譬如,很多商家利用抖音号打造创始人 IP。创始人 IP 是流量的入口,更是交易的入口,也就相当于品牌的招商部门。在某些情况下,这可能就是让一家公司弯道超车的关键。

(4)个人 IP 能够无限降低流量成本。

成本永远是商家关注的头号指标,相比传统获取用户的成本流通,个人 IP 吸引用户的成本是极低的。因此,如果个人 IP 打造成功了,通过降低营销成本获得的利润,可能超乎想象。

(5)IP 可以为我们拓宽商业和人脉的边界。

IP 是一个信息接口,我们的影响力从这里出去,其他合作也可能由这个接口进来。从这个接口,我们能够收集更多的行业信息,也能表达更多的观点,扩大在主业领域的影响力。而影响力的提升,则能够带来更多优秀的同行合作者,形成良性循环,拓宽个人能力与影响力的边界。

无论对于商家还是职场人而言,打造个人 IP 都是值得一做的事情。那么,做课者应该如何打造个人 IP 模型呢?

由"货带人"到"人带货"的转变

个人 IP 兴起的背后是时代的转变。这个转变是指由"货带人"时代向"人带货"时代的转变，如图 7-1 所示。

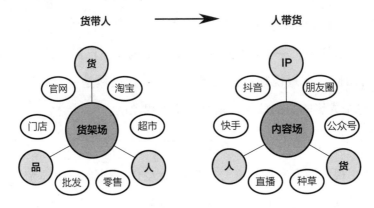

图 7-1　由"货带人"向"人带货"的转变

在过去"货带人"时代下，以货为主，以人为辅。这个时代的典型产物是各大品牌的官方旗舰店。人们更多的是考虑自身的需求，货物的价格、质量、售后是人们购买一件商品的主要考虑因素，而货架、仓库、导购员等一切场景和人力都是辅助商品销售的因素。

而在如今"人带货"的时代下，以人为主，以货为辅。这个时代的典型产物是个人 IP。譬如，时下比较热门的带货主播。用户因为信任一个人，进而信任他所推荐的产品。

个人 IP 效应大幅降低了商品的成交成本，使得个人或者团队收获了巨大的财富。也正是这个时代的推动，个人 IP 的商业价值以肉眼可见的速度迅速膨胀。

要打造个人 IP 模型，便要求做课者在经营思维上做出改变。唯其如此，才能够在现代的社会突出重围，实现个人 IP 价值的最大化。

7.2 如何构建抖音知识 IP 个人模型

在上一节中，我们学习了构建知识 IP 个人模型的作用和具体经营思维的转变。那么，在认识到个人 IP 商业价值的情况下，我们应该如何在主流赛道平台构建知识 IP 个人模型呢？

在本节我们将从精准客户的维度出发，学习如何构建抖音 IP 定位模型。

IP 定位要围绕精准用户

IP 定位是打造个人 IP 的过程中遇到的第一个难题。需要注意的是，IP 定位不是为了突出个性，而是为了积累精准用户。如果我们把 IP 做大后发现难以变现，可能就是因为把 IP 做偏了。在 IP 这条赛道上，没有不变现的 IP，只有做偏的 IP。

打造个人 IP 并不是为了凸显我们的才华，而应围绕最后变现的产品去确定 IP 的定位，并持续不断地输出相关内容。而打磨短视频内容的唯一目的就是为了击穿流量池，得到流量，实现精准用户的积累。

其实，IP 只是一个引流品，其接触到的流量都是公域流量。而真正能让我们与用户形成长期关系的是私域流量，只有想办法将公域流量变成私域流量，流量才有可能变成"留量"，并最终发挥应有的作用。

所谓运营，也就是对这部分留下来的私域流量进行运营。这些留存下来的用户存在着巨大的长期经济价值。当然，要让用户留存，第一步也是最关键的一步，还是把引流品打造好，只有做到了这一步，考虑用户留存才是有意义的。

总而言之，一切个人 IP 的定位都需要从产品出发。

构建抖音知识 IP 个人模型

在明确了个人 IP 定位之后，做课者应该如何构建抖音知识 IP 个人模型呢？其思路是：产品化思维 + 独到见解。围绕产品，我们要学会用产品化的思路做课，并对某个领域的知识有独到的见解。

"用产品化的思路做课"，指的是我们输出内容是为了销售产品，内容最终要服务于产品。

既然如此，那么落实到具体方面，抖音知识 IP 个人模型上有没有好用的模型呢？答案是有的。

抖音知识 IP 个人模型的构建，具体包括：名称与人设、简介和理念、话题和方向。

首先，如何设定名称与人设呢？其一般的结构形式有两种。

其一，名称可以用自己的姓名或者已有知名度的网名。这种形式一般适用于在某个行业内已经有流量积累的个人 IP。

其二，名称可以采取"行业/区域 + 特长/特征 + 姓/名"的组合。这种结构适用于所有个人 IP。

基于以上两种结构，我们总结归纳了五种基础方法，如表 7-1 所示。它们分别是：专业昵称法、职业标签法、区域特征法、领域猎奇法、大俗大雅法。这 5 种方法并没有好坏之分，关键是 IP 的名称与人设要相符。

表7-1　5种IP名称的设计方法

序号	方法名称	方法特征	典型案例
1	专业昵称法	人物+主题	×叔新商业、×姐聊财经、×哥说创业等
2	职业标签法	指明人设的技能	培训师老范、会做饭的姐姐、整理师Viki等
3	区域特征法	指明个人所在的区域	长三角赵四、周末在厦门、北漂励志哥等
4	领域猎奇法	激发用户好奇心	世界悬疑案揭秘、说不清的历史、科学揭谎等
5	大俗大雅法	要么接地气，要么雅致	张同学、世界抬杠冠军、衣哥、岳老板等

关于个人IP的简介和理念部分，要做到能一句话概括这个人在这个领域的理念和价值主张，也就是个人的内核。这里的"内核"，指的是个人对某个领域知识的独到见解。我们所输出的所有内容，都应该以这个内核作为出发点，它是个人IP的命脉，是个人IP最为核心的东西。当然，我们也可以将个人高光时刻的经历摆放在这里，将个人的价值显性化。又或者可以直接摆出产品。

解决了IP名称与人设、简介和理念的部分，个人IP的内容该往哪个方向进行输出呢？我们根据过往的成功经验，总结了5个典型方向：

①社会热点"蹭题"，是指结合社会上的热点话题进行知识和技能的阐述；

②行业内幕"爆题"，是站在专业行业分析师的角度对课程的内容进行阐述；

③人群痛点专题，针对某一人群的话题；

④真实案例拆解，通过对案例的分析说明课程的内容；

⑤行业动态关注，对行业的现状和趋势做一些分析和拓展。

在内容与人设、理念相符的情况下，从这5个方向中选择切合自身产品和价值观的话题来进行内容输出，能起到事半功倍的效果。

接下来，我们以"光哥知识论"为例，通过对具体账号的剖析展示一个典型知识IP该有的样貌。

案例 以"光哥知识论"为例

这个IP账号的名称是"光哥知识论"，如图7-2所示。该名称使用了5种基础方法中的第一种——专业昵称法。IP的人物是光哥，其主题是关于知识论的。

IP背后的人设是一个做过好课，卖过好课，并且有结果的人。

这个账号的简介是教你做课，其理念是"用产品化思维做课，向有成果的人学习"。

图7-2 "光哥知识论"的个人IP建设

从账号的简介中，用户可以清晰地知道能够从这个账号中获得什么，而这个IP做课的底层逻辑则是产品化思维加上独有的见解。所有的这一切，包括账号输出的内容，都是围绕着账号所涉及的产品"好课智造论"而进行的，可以说，这是一个值得借鉴的典型知识类IP。

IP 定位模型自测表

光有理论还不够。在实践中，我们如何才能知道自己在个人 IP 的定位上是否做对了呢？

这时候就需要进行 IP 定位模型的自测了。做完 IP 定位后，我们可以将相关信息填入 IP 定位模型自测表中，如表 7-2 所示，每一栏可以填写多项信息。

表 7-2 IP 定位模型自测表

项目	说明
写出你的 IP 名字	
确定你的知识产品名称	
写出你的核心理念或者价值观	
短视频备选的话题	

完成填写后，我们可以间隔至少一个晚上后对自测表进行分析。同时，也可以将其分享给朋友或同事，听取相关的意见和建议。

本章小结

1. 个人 IP 的影响力和经济价值是巨大的和无限的。个人 IP 不仅能够打造个人影响力，还能产生巨大的经济价值。因此，打造知识 IP 个人模型是做课者需要尝试的事情。

2. 个人 IP 的红利源于目前所处的"人带货"的时代。

3. 构建个人 IP 的目的是围绕产品获取精准用户，并最终服务于产品，实现变现。

4. 我们需要运用名称与人设、简介和理念、话题和方向 3 个方面构造个人 IP。这 3 个方面输出的信息是互相映衬的，它们的关系并不矛盾。

第 8 章
课程短视频的内容构建模型

2020 年 4 月 28 日，中国互联网信息中心（CNNIC）发布了第 45 次《中国互联网发展状况统计报告》。报告指出，截至 2020 年 3 月，我国网民规模达到 9.04 亿，其中短视频用户数为 7.73 亿，相较 2018 年底增长了 1.25 亿。

在网络技术飞速发展、互联网普及率逐年提升的大背景下，庞大的用户群体为短视频井喷式发展提供了源源不断的动能。加之短视频具有入网门槛较低，内容呈现形式丰富，信息种类繁多，互动性较强等特点，充分满足了普通群众情感表达、自我展示的内心诉求，呈现出人人都是短视频制作者、参与者与传播者的态势，进而形成了全民短视频热。

在巨大的流量入口面前，有越来越多的课程创作者参与进来，让短视频的竞争变得越发激烈。如何让自己的课程短视频在作品林立、竞争白热化的行业赛道中迅速爆红，并保持热度，分得一份时代赋予的流量红利，是众多课程创作者想要探寻的答案。其实，打造爆款短视频并非遥不可及，也不是难如登天，就好比加缪在《局外人》当中提到，一个人对他所不了解的东西，总是会有一些夸张、失真的想法。

只要明白爆款短视频的打造路径，每一个做课者都可以通过短视频表达自己的优质观点，让大众了解你的课程内容。

在本章中，我们将探究爆款短视频的打造路径：从短视频内容构建的底层逻辑、"智"造短视频的爆款选题、文案结构的"5 步连环结构"3 个方面入手；结合丰富、生动的案例，用理论联系实际的方法，来帮助做课者打造线上课程的爆款短视频。

8.1 短视频内容构建的底层逻辑

如果把一件事物比作建筑,那么底层逻辑就是这座建筑的基石。底层逻辑的构建直接决定了事物的发展方向,并能够体现它的广度与深度。线上课程的短视频打造路径亦是如此。

想要使自己的作品成为爆款短视频,在构建内容时,就必须以坚实的底层逻辑为支撑。只有如此,才能让自己的作品在形态百异、内容繁杂的短视频中脱颖而出,聚集用户的目光,迅速出圈,成为爆款,进而让自己的作品被广泛传播,获取时代赋予的流量红利。由于短视频的流量分发方式主要根据用户使用后的完播率、评论率、转发率及点赞率等指标进行派发,因而满足用户需求和终极心理诉求就成了短视频内容构建的底层逻辑。

接下来,我们将以满足用户的需求为出发点,以击穿流量池为目的,从视频内容要点、应持有的创作心态等细节入手,夯实作品的底层逻辑,让其作品迅速出圈,快速获得大众的认可。

击穿流量池

在课程短视频作品开拍之前,创作者首先要思考的问题是:"何种作品更容易获得广泛的传播，能成为爆款视频？"

假如一个短视频作品充分展现了课程创作者的才华与个性，却忽略了用户作为受众群体的观看体验和感受，即使作品画面展示极其唯美，构思近乎完美，也很难吸引用户的目光。

如果短视频能充分切合用户的需求，用户观看后，能够积极评论、转发、点赞，便可成功击穿课程短视频的流量池，从而达到通过打造爆款短视频宣传课程观点的目的。"传播学之父"威尔伯·施拉姆曾用在餐厅就餐的案例，形象地比喻了媒体传播的方式和路径。他把用户比作餐厅里的顾客，把传播方式这一媒介比作餐厅，把信息的发布与传播者比作厨师。他认为，厨师要做的就是尽可能丰富饭菜的种类与口味。

至于顾客吃什么，吃多少，想吃还是拒绝等问题，全在于顾客自己的喜好和意愿，任何厨师都不可能把饭菜硬塞进顾客的嘴里。在试探顾客口味、按照顾客喜好下菜单这一点上，短视频传播平台显然比传统媒体更有优势，亦有更为现实的手段。当一个账号发布一条短视频之后，短视频平台会以客户平时的观看习惯和内容为基础，对这条短视频进行推送。

当你的短视频达到500次播放量后，平台会根据这500次播放量的参与用户的反馈和交互行为，计算出这条短视频的完播率、评论率、转发率及点赞率等指标是否达到系统的算法要求。如果达到了要求，短视频平台会再给你推送。

如果你的短视频作品凭借好的内容，成功引起了用户的共鸣，获得了用户的认可，收获了大量的好评与点赞，那么恭喜你，接下来，短视频平台或许会给你分发更多的推送播放量。

当你的作品达到10万或100万次的播放量时，你就成功击穿了流量池！此时，你的作品便是稳妥的爆款视频。击穿流量池的底层逻辑，如图 8-1 所示。

图 8-1　击穿流量池的底层逻辑

每一个爆款短视频，都会提升其所属账号在平台上的权重。这也意味课程的短视频创作者正在步入平台的优质创作者行列。后续视频的起始推送量都会随之增加。

当作品步入了这种良性循环状态，把账号做大做强，做成极具影响力的超级账号便指日可待了。树立击穿流量池这一清晰目标，意味着内容构建的底层逻辑框架已经成功搭建，此时，做课者应该怎么做呢？做课者需要围绕这一框架，进行课程短视频的建设。

打造爆款内容的两个要点

短视频这种新媒体形态，成功地把文字、音频和视频结合起来，同时拥有及时性、碎片化、便捷化等特点。因此，它成为有别于传统传播形式、具有颠覆性体验的传播新媒体。

但是，技术所颠覆的只在形式层面，以新媒体形态出现的短视频依旧延续着传统媒体"内容为王"的准则。想要打造线上课程的爆款短视频内容，让用户被其内容所吸引，充分调动用户的情绪，增加互动与交流，应紧抓以下两个要点。

（1）要有优质的选题。

观点鲜明、独具特色的优质选题是短视频创作的方向。只有找对方向，才能更快地通向成功。因而，我们应有针对性地对日常选题类型做好安排。一般来讲，优质选题应符合以下要求：

①能够切中大众普遍痛点；

②能够触动人心，引发群体共鸣；

③会适时、适度借用热点，吸引用户目光；

④能够为用户提供多维度、有深度的新知识和新观点；

⑤具有身份认同感；

⑥体裁新颖，具备差异化特征。

同时，我们也可以参考第2章所阐述的关于课程选题的内容，对短视频的选题进行加工创作。

（2）要有触动人心的文案结构。

好的文案结构应该张弛有度，吸引用户，营造强烈的冲突感，充分调动用户情绪，用其核心观点引发用户共鸣，用反转等手段和技法带给用户意想不到的思维冲击。

创作者也可以参考第3章关于课程框架的设计，以及第4章关于课程内容的填充技巧，对短视频的文案结构进行梳理。选题和文案结构好比是短视频创作的"两条腿"，想要线上课程的短视频稳健前行，快速奔跑在行业前列，这"两条腿"缺一不可。

因而，在视频拍摄前，创作者不妨多花点时间在选题和文案结构上多下功夫。

至于课程短视频创作新人经常纠结的问题，如拍摄用的设备清晰度是否够高，普通话是否标准，画面是否足够唯美等，都是更容易解决的小问题。

一个课程短视频是否能够成为爆款视频，选题和文案起着决定性作用。当然，有了好的选题和文案，并不代表作品就一定能成为"爆款"。保持稳定的心态，是做课者创作短视频时应具备的心理素质。

创作知识型 IP 短视频的 4 种心态

在前面的两章内容中，阐述了如何构建一个知识型 IP。我们以做知识型 IP 内容为例，厘清在短视频创作中做课者应持有的 4 种心态，如图 8-2 所示。

图 8-2　创作知识型 IP 短视频的 4 种心态

（1）热爱。

喜欢一件事，才能全身心投入。对于短视频的创作而言，发自内心的热爱，是前行的动力，是坚持下去的信念所在。知识型 IP 的文案创作较为枯燥，如果对于短视频创作这份事业没有真爱，是很难每天坚持写下去的。

但是，若想将短视频的文案打磨得几近完美，那么我们需要对这项工作保持热爱，并勤于练习，从中获取短视频的"语感"，而不能由其他人代笔。

对于自己课程的选题，别人的理解和你的认知会有一定的出入。用别人写出来的文案做课程的短视频，可能成为爆款短视频，但是这种爆款短视频却很难成为个性款，难以为做课者积累稳定的粉丝群体。

在短视频风起云涌的当下，打造个性IP是保持账号持久热度的重要手段。

（2）坚持。

坚持创作课程内容的短视频，坚持每天发布，让坚持成为习惯，并保持一颗平常心。不要患得患失；更不能发了两三次短视频，因为短期内没有播放量、反响平平，就放弃创作。只有经过漫长的黑夜，才能冲破最后的黑暗，迎来曙光。短视频的创作亦是这个道理。

（3）行动。

任何可能性，都是建立在行动基础之上的，没有行动，只有梦想，就是一座美丽却虚无的海市蜃楼。有想法，就放开手去做，内容不好，可以推倒重来，但是时机却稍纵即逝，等你什么都想明白了，行业风口或许也就过去了。

因此，我们在创作课程的短视频时，一定要抓住灵感，用行动将其变为成品呈现出来。

（4）学习。

学习使人进步，这句话不论放在哪个行业都适用。万不可故步自封，应该通过网络、书籍、对标账号等多种媒介展开学习，获取知识的补充及资讯的收集。

那创作者应该如何进行短视频创作方面的学习呢？创作者可以通过以下方式学习：浏览各大短视频网站及平台的信息，及时了解行业前沿动态，掌控当下热点；通过看书、阅读拓宽知识面；通过对标账号，学习专业运作方式与方法等。

俗话说，好的心态决定了好的状态。有了好的状态，就可以全力以赴投入创作了。保持这 4 种心态，创作者方能去除浮躁，沉淀经验，最终如破茧而出的蝴蝶一样，让作品在惊艳中绽放。

短视频的第一句话

美国斯坦福大学的科研团队招募了 36 名志愿者，让他们一边观看 32 段不同类型的视频，一边让大脑的 4 个不同区域接受功能性磁共振成像监测。

通过监测，科学家们发现，视频开头前 4 秒已经决定了人们对于该视频的看法，以及他们是否会继续看下去。

这真可谓是"开篇定结局"。由此可见，短视频开篇的第 1 句话有多么重要。通过对大量爆款短视频的分析和研究，我们发现，视频开篇第 1 句话最好设置成一个问题，激起用户的好奇心和疑问，让用户有接着往下观看的欲望和动力。

如何呈现开篇第 1 句话所设置的问题，从而成功吸引用户的目光，吊起用户的胃口呢？一般短视频第 1 句话有几个特征，如表 8-1 所示。

表 8-1　短视频第 1 句话的特征

序号	特征
1	简短、有力
2	清晰明了，用户听得懂
3	符合用户的内在需求和诉求
4	契合公众情绪，可引起用户的共鸣

现代人在享受丰富的物质生活时，也承受着更大的生活压力、更快的生活节奏，而这也在迫使人们向更新、更高效的生活方式靠拢。这就催生了大众碎片化阅读的行为习惯。

而用户的这一行为习惯直接决定了作品走向。简短、有力的开场白更容易在瞬间吸引用户,提高浏览量。当用户拿起手机浏览短视频时,创作者还应考虑到新媒体便捷、高效的传播方式,会把拥有不同文化背景、生活习惯、认知能力的受众群体进行串联,成为同一作品的用户。

因考虑不同受众的接受能力,把专业化的问题进行直白表述,让复杂的问题简单化。用户听得懂,理得清,才会产生观看兴趣。

在受众本位化的当下,无法满足用户的内在需求的作品,无法引发社会广泛共鸣,更难以让用户自发地传播作品(转发、分享)。创作者也需要考虑短视频作品是否有"网感"。在短视频创作上,创作者应契合互联网传播的特点,让短视频作品更为贴近用户的内在需求和心理诉求,使短视频作品成为有"网感"的好作品,吸引用户。只有这样,才能创作出既具有正能量,用户喜闻乐见的优质作品,作品才有可能传播出圈。

8.2 "智"造短视频的爆款选题

在上一节中,介绍了爆款短视频的底层逻辑及决定性因素,并简要分析了爆款短视频选题的基本逻辑和要求。

然而,对于短视频选题而言,发现、了解与创作之间仍旧存在着极为遥远的距离。如何着手实操,真正掌握并能熟练选取成就爆款视频的优质选题,才是视频创作者亟须解决的问题。在本节中,我们将通过阐述如何做人群垂直的选题、"三体坐标法"、选题创新等技巧与方法,教会大家打造短视频的爆款选题的具体实操流程。

做人群垂直的选题

什么是人群垂直的选题？为什么要做人群垂直的选题？

在回答这些问题之前，我们首先来了解一下，什么是垂直类短视频。

垂直类短视频是指作品的内容与作者选择领域具有一致性的短视频。譬如，作品的账号被分类为科普类账号，那么其发布的内容就是与科学技术、自然万物相关的事物。人群垂直的选题则是针对某一类用户群体的选题。

从 2015 年开始，垂直类短视频 App 的数量就呈现爆发增长态势。到了 2017 年，各大短视频平台，开始在垂直领域投入了更多的资源，鼓励用户发布相关主题的短视频作品。

平台这种细分化发展模式，促使、引领、推动着创作者开启了垂直领域的视频创作与发布，这也直接催生了一批具有显著个性和差异化，并在细分的垂直领域有较大影响力的专业内容创作者。

这些短视频创作者因把握了行业发展的趋势，把自身熟悉、专注的行业知识及新奇内容以"专业＋视频展现"的模式展示出来，不仅带给用户新体验，也为用户创造了知识的输入和情感输出的纽带，推送的内容也更加私人化、精准。

这些创作者在收获大量粉丝的同时，也成功实现了个人价值。由此可见，做垂直领域的短视频，是打造爆款短视频、培养内容个性化的不二选择。然而，随着用户的消费习惯逐步理性，以及行业竞争的加剧，这些分类单一、内容输出同质化严重的垂直内容供给正趋于饱和。要想在众多垂直类短视频领域突围，成功击破流量池，并增强用户黏性，选择做人群垂直选题不失为一个好办法。

下面，我们就来通过几个案例，详细介绍做人群垂直选题的具体方法。

案例① 做人群垂直的亲子账号

我们以亲子账号为例，围绕用户不同身份进行思维拓展，确立选题方向，将短视频从内容垂直变成人群垂直。

亲子账号的作品内容一般会围绕亲子教育展开。多数作者认为只有专业、专注、专心、专精于教育这一细分领域，才能吸引固定人群的关注，收获精准粉丝群体，利于账号变现。这个观念确实没错。

但当亲子账号的所有内容全都在围绕亲子教育的话题展开时，不仅视频内容受限，也很难跟上时事热点，获取流量红利。用户通过这个账号，很难发现新鲜内容，也容易形成审美疲劳。

此时，我们可以围绕用户的不同身份进行思维拓展，确立选题方向，在账号里添加一些新鲜内容，让用户得到一些全新体验。仍以亲子账号为例，亲子账号中的粉丝群体，一般都是30~40岁的年轻妈妈。在现实生活中，除了妈妈的身份，她们还是丈夫的妻子、父母的女儿、职场人等。

第8章
课程短视频的内容构建模型

除了亲子教育类话题，这类女性肯定也会关注夫妻情感关系的协调，关注更为稳定的家庭关系的构建，她们亦会关注如何平衡家庭与工作的关系。

当她们有了二胎宝宝后，还会关注如何平衡"大宝"与"二宝"之间各类资源的分配，如何避免"二宝"被"大宝"欺负等一系列话题。作为做课者，我们可以把这些话题放到自己的账号里面，一方面可以让粉丝有新鲜感，另一方面也可以拓宽拍摄视频的思路和选题面。

案例②　以用户个性、爱好为基点，进行内容辐射

有数据显示，短视频平台拥有大量以90后、95后为基础的庞大年轻用户群体，这就使得年轻、激情、时尚、美丽等话题有了广泛的受众和基础。

珠宝本身可以与时尚、美丽、爱情等话题相关联，产生一系列的内容，这也正好契合了年轻用户群体的需求。在进行人群垂直选题的具体操作时，以用户个性、爱好为基点，进行内容辐射。设想一下，用户还会关注哪些话题呢？

一般而言，这些用户也会关注明星、时尚、爱情等话题。因而，我们的选题可以在珠宝内容之外，添加一些用户关注的其他话题。

虽然这样的布局安排，会让你的短视频内容表面上看起来有些"杂乱无章"，但这的确符合垂直人群需求的中心逻辑。

上面所述的2个案例，采用了不同的方法，剖析了人群垂直选题的定位和思路。大家在进行人群垂直选题时，可以充分借鉴此思路，对标个人账号的不同特点，进行人群垂直选题的筛选和敲定。

需要特别注意的是，账号内容应有主次之分。如果你的账号内容是亲子教育，亲子教育的内容应该占大比例，至少占到内容的70%，剩下的30%可以预留给不同的话题。

另外，需要特别提醒的是，不要只做幽默类的内容，因为这类内容很难链接到课程，最终无法实现变现。

"三体坐标法"

对标个人账号的特征，在对人群垂直选题进行内容筛选和框架搭建时，可借助"三体坐标法"来实现"选题自由"。何为"三体坐标法"？"三体坐标法"是以标签词、流量词、意愿词为坐标的选题方法。

我们分别从标签词、流量词、意愿词的角度，介绍如何用"三体坐标法"打造课程的爆款短视频。

（1）标签词。

标签词是你所从事行业的标签，如行业人设、职业、产品、用户及行业存在的问题、行业的机遇与风险等。在平时，创作者可以带一个小本子，当你有了新的发现或思路时，可以把你想到的词汇记录下来，并收集成册。

（2）流量词。

流量词，顾名思义就是自带流量的词汇，如明星热点、科普教程、压抑生活下的逆袭等。这类结合了时尚元素，又能切中大众普遍痛点，并紧跟当下热点的词汇，我们可以统称为流量词。在收集这类词汇时，我们可以了解网络的热门话题有哪些，当下人们最愿意讨论并自愿扩散的信息有哪些。

在浏览信息时，如果我们被某个词汇吸引，并带入某条信息中去时，我们就可以把这类词汇记下来。因为带我们进去的词汇，也可以带别人到我们的短视频中来。

（3）意愿词。

意愿词是可以撬动人内心欲望、泛起内心涟漪的词汇。譬如："你不看就会后悔"中的"后悔"。

我们对这3类词做一个总结，如图8-3所示。在实际的短视频选题中，我们可以结合这些类型的词汇进行创作，从而快速找到短视频的选题。

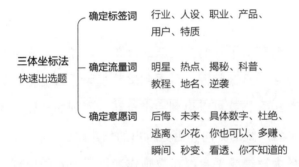

图8-3 用"三体坐标法"快速找到短视频选题

选题的创新

当创作者在心中构建了多个选题方向和目标，并且有了诸多以词汇为载体的选题时，可以借助"排列组合"的方式把这些词汇进行集合、归纳、提炼，"智"造出贴合自身账号需求，同时具有敏锐视角和明显差异化，能够引流的爆款选题。

如图8-4所示，我们把收集到的标签词、流量词、意愿词等3类词汇进行"组合排列"式的融合，形成一个拥有全新视角的观点，并能成功吸引用户目光，获得用户共情的选题。

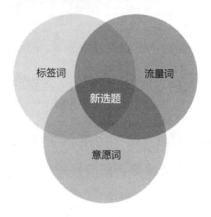

图 8-4　将词汇进行"排列组合"式融合

这种方法不但有助于我们找到新的选题，还能打开视野和思路。甄选与创建选题的方法一旦被掌握，再看到爆款视频，只需把视频核心词用这种方式进行全新组合，就可以得到一个全新、原创的选题。这为后续内容的搭建提供了更为广阔的方向和更为自由的创建路径。

在当下，各大短视频平台都在鼓励作者进行内容的原创，我们要学会契合平台属性，向平台需求与扶持的方向靠拢。

如此一来，才能得到平台更好的扶持，获得更多流量的支持。"排列组合"就是把"个体创造力"凝聚成"集体驱动力"，借助智慧创造属于自我的短视频选题方法。

好的选题是出爆款短视频最基本的核心要素。当你有了好的选题，再结合构思巧妙的文案结构，一个高分值短视频的诞生就指日可待。这样做短视频，做出爆款的概率会大大增加。

第 8 章
课程短视频的内容构建模型

8.3 短视频文案结构的"5 步连环结构"

在近代文坛，朱自清和俞平伯泛舟于秦淮河上，同时写下了《桨声灯影里的秦淮河》，成就了一段文坛佳话。然而，我们读完两位名家的文章后，能非常清晰地感受到两人的文章在结构布局、风格呈现上的差异性。

由此可见，同样的选题，在不同的文案结构下，所呈现的效果是完全不同的。在本节中，我们将学习短视频文案的构建方法，让你轻松掌握爆款短视频的文案结构布局技巧与方法。

"5 步连环结构"

在对渠道规则、内容特点及爆款视频不同的套路进行研究后就会发现，短视频平台各种不同类型的爆款视频，虽外在表现形式和内在内容展现上各不相同，但是生产爆款的根本逻辑和技巧却是相通的。爆款短视频的文案结构，通常会采用"5 步连环结构"。

第 1 步：抓住眼球。

在碎片式阅读的当下，用户在进入视频后，仅用 3~4 秒的时间，就决定了要不要观看这个视频。如果不能在第一时间抓住用户眼球，那么用户会"一划而过"，与你的视频擦肩而过。

即使后面的内容再好，也没有机会展现给用户了。因而，视频的开场应强有力，铺垫要尽可能简短，切记不可啰唆。

做课者可以根据前面所讲的短视频第 1 句话进行开场白，或是设置一个强烈的冲突，迅速抓住用户眼球。

第 2 步：塑造期待。

根据账号的不同，可以采用以下 6 种方式塑造用户期待，让用户对视频内容产生浓厚兴趣，想要继续观看，如表 8-2 所示。

表 8-2 塑造用户期待的 6 种方式

序号	方式	说明
1	抛出一个新概念	当用户看到一个全新的概念时，会产生好奇心理，就会产生想要了解的潜在欲望，用户会因此对视频内容产生前所未有的期待感
2	契合用户痛点，产生共鸣，找寻用户情怀	作品所表达的应是用户自身存在却一直未能解决的问题，让用户产生面临同样问题时应如何处理的期待。或是借助情绪的表达，让用户产生共鸣，让用户有种不吐不快的感觉
3	具有吸引力的故事	通过故事，紧扣用户心弦，充分调动用户情绪，让用户跟着氛围和故事走
4	制造悬念	悬念的制造对于连续性内容输出的账号，比如悬疑类、普法类账号特别适用。用户的期待可以在当集视频内，也可以在后续视频中。 对于分集的短视频，可以在某个关键节点结束，让用户接着点进下一期视频
5	"反权威"	不按常理出牌，让用户产生新奇感，但必须保证内容真实、正确
6	数据论证	用简单的数据，证明自身优势，凸显内容价值，让用户对内容更期待

第 3 步：内容剧透。

浏览短视频内容的需求是洞见内容背后的用户需求：真实、伤感、幽默、意外、惊喜、逆袭、自我实现等。

这些精神需求存在于生活之中，又超越了生活的内容展现。如果在视频开头，就直截了当地让用户明了，无异于拨开你和用户之间那层充满了期待和想象的面纱，当获得感消失，用户便很难在短视频内继续停留，这会直接影响视频的完播率。

因此，不要立刻展开内容的陈述，应稍微剧透短视频内容，充分调动用户情绪，让用户在作品中驻足。

第4步：结构化干货。

首先必须确定内容正确、精准，除具有娱乐功能外，还需满足用户学习知识技能、获得情感依托等内在需求。在内容的陈述上，创作者可以把内容拆分成三段，分段讲述，使专业内容简单化，让用户听得懂，理得清，不但要让用户"知其然"，还应让用户"知其所以然"。

在语言的表达上，要尽量精简，用简单、直接、精炼的语言表达作品内容，切忌内容拖沓，浪费用户的时间，带来负面体验。有数据显示，93.3%的爆款短视频的时长在30秒以内。这就要求作品应遵循短时观看、碎片化传播的理念。

在节奏的把控上，应保持紧凑流畅，作品张弛有度，让用户能紧跟视频内容，并在最短的时间内与用户产生情感共鸣。

在内容的设置上，应干货满满，让用户有所收获。须谨记，这是一个以用户需求为准则，以"内容为王"的时代。内容才是真正的核心竞争力，技巧只是吸引用户的手段。好的内容才是得到用户肯定的基石。

第5步：引发互动。

互动决定了创作者与用户之间的黏性大小，只有注重与用户间的互动，才能让作品深入人心，并得到广泛讨论、好评与转发。这些指标，正是决定作品是否能击破流量池，成为爆款的关键因素。

与用户间的互动可以采用引导的方式进行。通过对后台数据的长期分析，我们发现，在引导评论和点赞的这个时间段，评论和点赞的数量都会有所提升。

一些 ID 账号的创作者，会根据用户评论，选取评论较多的内容进行创作，这样一来，又进一步增加了与用户之间的互动，从而拉近了彼此间的关系。这极有利于增强账号热度，提高播放量，扩大影响力，增加用户黏性。

需要注意的是，引导互动不能过于频繁，要适可而止，以免引起用户反感。在这里介绍一个引发互动的小技巧，视频不必过于完美，可以预留一个小的问题，让用户去讨论、点评。

但同时也不要试图以说教的方式展现内容，而是应该让大家充分讨论，不论用户是从内心赞同，抑或是反驳、批评，都是在增加作品的评论量。由此可见，想要得到更多的互动，就应保持内心的坚定、坚强。内心脆弱的人不仅不适合创作短视频，也不适应现实生活。从评论中发现不足，推动自我继续进步，才是创作者面对各类不同声音的正确态度。

做到以上 5 个步骤，做出爆款短视频也只是时间问题。下面我们把"5 步连环结构"用表格的方式呈现，以便大家有更为清晰的认知。如表 8-3 所示。

表 8-3 打造爆款短视频的"5 步连环结构"

序号	步骤	方法	注意事项
1	抓住眼球	把视频的第 1 句话设置成一个简单问题，或制造强烈冲突	开篇定结局，视频前 3 秒就应抓住用户眼球
2	塑造期待	抛出新观点，切合用户痛点，引发共鸣，具有吸引力的故事内容，制造悬念，数据论证，"反权威"等方法	应契合用户需求

（续）

序号	步骤	方法	注意事项
3	内容剧透	稍微剧透视频内容	不能在视频开头，将全部内容展现
4	结构化干货	把内容分成三段展开叙述，内容要干货满满	语言精短，不可过多注水
5	引发互动	引导用户评论，引发互动	引导要适度，不可引起用户反感

案例分析"5步连环结构"

在"5步连环结构"的基础上，想进一步提升文案的吸引力，可多维度构建用户期待。我们来举一个例子。

案例　行业商机视频与多维度构建用户期待

同一个视频，创作者发掘出的用户期待点越多，并在文案中一一展现并击破，获得的效果就更好。例如，你创作了一个视频，视频内容是：未来几年，最具潜力的行业有哪些？什么样的人会在这些行业内成功淘金？

基于这些内容，指出普通人应具备哪些能力，如何把握时机，才能挣到钱，成就自我。如果你的视频文案以"我来教你如何赚钱"进行说明，确实符合主题内容。但是对于用户来说，他们所看到的期待值只有赚钱这一点。

这时，不妨重新梳理文案内容，寻找更多的用户期待点。我们可以把未来最具潜力的行业，以及哪种人才会获得成功一一添加进来。

把内容说明改成"未来3年，最有可能年入千万的5种人"。便能吸引更多用户的目光，因为在这里有"未来3年""年入千万""5种人"这三个期待点。

当你在一句话中加入了多个期待点后，会更容易吸引用户的目光与关注。文案植入了多个期待点后，还应该继续制造疑问，紧抓用户痛点，说明"为什么有些人如此努力，但却依旧无法获得成功"。就这样一步步制造疑问，然后通过内容的阐述，连续击中用户痛点，使用户在视频结尾有所收获。

尽管用户可能不会对你的观点全盘认同，但是在创作者保证输出的价值及观点具备含金量的前提下，他们会对其中与自身关联的部分观点表示肯定和欣赏。

做好课程的短视频，是做课者进行个人IP建设的重要手段。打造线上课程的爆款短视频，能够帮助推广做课者的观点，并使用户对课程内容产生兴趣，使用户前来订阅你的课程。因此，我们需要重视打造与课程相关的短视频。

本章小结

1. 在构建短视频内容前，应先树立正确、坚实的底层逻辑。做课者需明白，创作短视频就是为了击穿流量池。
2. 在创作短视频时，要以优质选题和触动人心的文案结构，以热爱、坚持、行动和学习的心态，加以开篇技巧的运用，来夯实短视频创作的基础。
3. 在爆款短视频的选题上，可遵循做人群垂直的选题策略。在具体操作时，可采用标签词、流量词、意愿词为坐标的"三体坐标法",运用"排列组合"的方法来进行选取、确立。

4. 用"5步连环结构"构建爆款短视频的文案结构:

第1步,抓住眼球;

第2步,塑造期待;

第3步,内容剧透;

第4步,结构化干货;

第5步,引发互动。

第 9 章
课程上架与系统对比分析

在对一门线上课程进行整体构思、创作完成之后,做课者需将其放到相应的平台上架,以实现"传道、授业、解惑"的目的。

这一步等同于在传统线下授课的过程中,老师备完课,拿着书本走向教室,即将为学生讲课的流程。所谓"工欲善其事,必先利其器。"那么在做课者产出好的课程内容之后,要如何选好平台,做好上架工作呢?这也是一门艺术。课程上架建立了课程和用户相遇的桥梁,满足了用户对于知识的渴求,亦打通了知识变现的路径,有助于课程制作的持续发展。

2016 年被称为知识变现元年,从这一年开始,平台推出的各类知识付费产品,其交易额逐渐呈井喷式发展。而在今天,几乎所有人都接触过线上课程。相对于传统课程的授课方式,线上课程不再局限于坐在教室内进行师生间面对面的交流,其受众也更广。

但是,问题也随之产生,做课者应该如何把课程内容带入"网络教室"呢?又如何把对课程有需求的受众群体请进来呢?

在本章中,我们将带领大家学习以下内容:

(1)如何把课程上架到相应平台,了解课程上架的 3 大主要平台及其各项功能;

(2)从实操的角度出发,聚焦实际问题,把入驻学浪、抖店,开通抖音橱窗所涉及的基本事项、条件及具体步骤逐条展现。

(3)结合实际操作,分析做课者容易忽略的细节与要点:如何把课程内容带入课程平台这个"网络教室",如何把对课程有需求的受众请进来等。

通过这些要点的学习,帮助大家避免在课程上架时无从下手,少走弯路。

9.1 课程上架的 3 种主要链路

课程上架是实现传播课程内容的前提。3 种主要链路分别是学浪、抖店、抖音橱窗。

在本节中，我们将通过对学浪、抖店、橱窗这 3 种主要链路各自承担的主要功能及关联性的分析，使课程创作者明晰课程上架的路径，懂得如何运用 3 种主要链路的功能和关联性，完成线上课程"传道、授业、解惑"的使命，达到成功变现的目的。

3 种平台的主要功能

随着短视频的快速发展，人们对于移动化、碎片化学习需求不断扩张。学习类短视频、中视频逐渐成为市场新宠儿。借此东风，抖音短视频开始布局线上课程。

2020 年 6 月，抖音所属母公司字节跳动正式推出"学浪计划"。字节跳动为"学浪计划"投入百亿流量，在旗下抖音、今日头条、西瓜视频的共同发力下，泛知识类视频以"短视频+新技能教育"的模式进行内容创作，不仅为知识传播者提供了新的赛道，打通了知识变现的渠道，也为广大的互联网用户提供了更多学习的选择。

我们在这里可以把学浪比作"教室",它完成了做课者(知识传播者)和对课程有需求的广大互联网用户(课程受众)之间的对接。

学浪本身并没有流量,若想要获取用户,收取学费,把课程传递的知识成功变现,还需借助抖音内部的抖店和商品橱窗。

接下来,我们对3种主要链路的功能展开具体阐述。

(1)学浪。

学浪是字节跳动公司推出的一款应用,协助线上做课者提供线上招生、发布课程内容、提供课程营销和履约等功能的综合性课程平台,因其覆盖了抖音、西瓜视频、今日头条等多个平台,从而拥有海量的用户资源。

学浪主要扶持教育创作者开展,以K12教育、语言教学、高考、考研、职业教育等教育方向为主要创作内容。

当然,学浪仍旧沿袭了互联网兼收并蓄的广博性。在这里,还可以找到关于兴趣、生活在内的许多课程,包括如何教人理发,如何整理室内收纳等与生活技巧相关的实用性课程。

在这里,我们对K12教育稍作解释。

K12教育是指从幼儿园到高中阶段的教育,是基础教育的通称。基于当下国家"双减"政策的落地,卖课方的教育资质、售课内容是否合规都在有关部门的监管范围之内。学浪内所有上传的课程内容都需通过公司审核通过才能发布。

另外,学浪还通过自身机制,有力地约束、钳制了部分混迹教培领域的不良商家卖课却不授课、售课内容粗糙、敷衍受众学员的不良行径。美国诗人金斯伯格曾说:"自由只存在于束缚之中,没有堤岸,哪里来江河？"

学浪的监管和约束，避免了"劣币驱逐良币"现象的发生，让合规的课程可以获得更多的流量扶持，让目录清晰、内容优质的课程有更好的展示位置，令真正有价值的做课者实现知识变现。

如今，变现能力较强的从事教培行业的商家和个人都已入驻学浪。下面我们借助一个表格，来快速了解学浪的主要功能，如表9-1所示。

表9-1 学浪的主要功能介绍

序号	主要功能	说明
1	新建课程	直播课程、视频课程、组合课的创立
2	教学管理	建立班级群；对课程数据、学生总数、课程进展、到课情况、完课情况、课程参与度进行统计、分析
3	课时免费试听	可就需开启试看的课程，选择试听时长。在学浪App和抖音端显示试看标识
4	课程的二级目录	创建课程名称，并可把单个课时或批量课时移动到该课程内，便于学习、查找，进行课程项目的系统学习
5	交易管理	采用可下载销售数据、建立实体资料的销售方式，并可导出实体资料销售的订单详情及物流信息
6	课程销售	课程订单的结算与提现，通过抖音渠道售卖的订单收益提现（含火山小视频、西瓜视频、头条新闻的订单）

从表9-1中，我们可以看出学浪是一款针对独立内容创新者，集课程发布、更新、直播、教学管理、免费试听与销售为一体，具有对接功能，可对外引流，为做课者提供变现渠道和机会的泛知识类学习平台。

这种全新运营模式既保证了广大受众学员的切身利益，也有利于维护知识付费这个市场的健康发展。

（2）抖音橱窗。

在一些商业场所，我们经常能看到一面巨大的玻璃橱窗内展示着经过人们精心布置的商品。很多顾客因被橱窗内陈列的商品所吸引，才不由自主地挪步进入商店，开启了新一轮的消费热潮。抖音橱窗同样具备产品展示功能，相对于传统商店的单品展示，抖音橱窗则集合了该商家所有正在售卖的产品。

用一个较为形象的比喻，抖音橱窗更类似于饭店的菜单，商家产品详情介绍、产品价格都在这里做了明确标注，方便顾客迅速浏览、快速查找下单。抖音橱窗于2018年正式上线，分销抖店商品并与淘宝、京东等主流的第三方平台合作。

抖音橱窗可实现用户在橱窗内选中商品直接跳转至淘宝、京东等第三方电商平台里的店铺进行购买的电商功能。开通橱窗后可以发布带货短视频中添加"小黄车"功能，也可为在直播间中添加的商品进行售卖，并拥有"DOU+推广"功能。

（3）抖店。

抖店是"抖音小店"的简称，作为抖音橱窗的升级，抖店于2019年正式上线。抖店不像抖音橱窗一样帮助第三方电商平台展示商品，而是抖音自主开发的内部电商店铺。

这款针对商品销售管理的平台，不仅拥有商品管理和订单收发货等基础操作，还会对销售数据及业绩进行统计分析。在沟通方面，抖店为商家和客户提供了在线聊天的功能。为了帮助商家顺利运营抖店，抖店还提供了"我的客服"专门为商家运营难题提供解决方案。

下面我们仍借助一个表格来快速了解抖店的主要功能，如表9-2所示。

表 9-2　抖店主要功能介绍

序号	类目	主要功能	说明
1	运营支持	店铺功能	预订、排队、核销
		商品管理	商品的创建、导入、分组及管理
		订单管理	收发货品、订单信息、订单来源、异常订单情况
		评价管理	商品评价
		售后工作台	订单售后处理状况
		数据	支付数据、销售数据、访客量、点击、转化率、达人带货情况、商品价格和口碑等
		奖惩中心	店铺奖惩情况、违规操作的预警信息
		营销中心	优惠券、限时限量购、满减、定时开售、拼团等营销活动的设置，申请参加平台大型电商营销活动
		转化组件	POI（兴趣点）信息转化中间页、POI（兴趣点）活动推荐组件
2	沟通支持	信息接收	接收平台消息
		在线沟通	与客户线上聊天，解答客户问题
3	服务支持	我的客服	平台客服会帮商家解决运营时遇到的各类难题

通过这张表格可以看出抖店的功能相当强大，可支持线上的各类运营活动。

在进行线上课程销售时，要及时关注抖店对于销售、业绩、促销等各项数据的反馈与分析，特别是违规操作的预警信息。守规、守则是维持店铺长久、有序、健康经营的基石。

做课者可依据这些数据信息，及时调整课程安排和后续课程上架的进度与方向，尽可能满足市场用户的需求，在实现知识、价值输送的同时，也能实现知识变现的目标。

3种主要链路的关联性

在上文中,我们了解到学浪是字节跳动推出的一款泛知识类综合学习平台。在字节跳动流量的扶持下,可将其引流到旗下的抖音、西瓜视频、头条等自媒体平台。

受学浪自身持有流量较少的限制,当课程在学浪上传完成后,需同步上传到抖店,借助抖音超 6 亿的日活跃用户资源,通过抖音小店和抖音橱窗进行推广,吸引平台相关用户的关注、学习和购买课程。至此,线上课程上架的全部工作才算正式完成。

用一个较为形象的比喻,大家可以把线上课程想象成实体商品,上传学浪意味着商品制造完成,想要把商品销售出去,则需要把商品摆放到人流量较大的经营场所进行销售。此时,需把线上课程同步上传到抖店,这就等同于把商品摆放到了商店的货架上。

接下来,做课者要面对的问题是,如何在每天数以亿计的抖音用户中,找到对课程有需求的用户。

我们可以借助橱窗的宣传广而告之,寻找目标用户,完成知识变现的目标。学浪、抖店、抖音橱窗相辅相成、共同合力、互为支撑,构建出流程顺畅、结构严谨、行为高效、多方互利的"知识变现"绿色生态圈,形成三足鼎立、互为牵引、共同发力的铁三角关系,如图 9-1 所示。

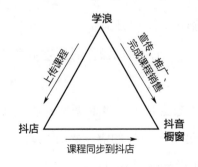

图 9-1 学浪、抖店、抖音橱窗三者的关联性

借助图 9-1 展示的线上课程上架路径，我们看到，学浪、抖店、橱窗是线上课程上架的三个着力支撑点，缺一不可。

在下面的章节中，我们就着眼实操，整合细节、要点和注意事项，学习如何入驻学浪、抖店和抖音橱窗。

9.2 入驻学浪的实操分析

知识付费、纯视频接广告模式、直播带货是抖音价值变现的三个途径。据抖音发布的《2021 年泛知识内容数据报告》显示，泛知识内容呈现出迅猛增长态势，播放量同比增长达 74%，已占平台总播放量的 20%。

本节内容将从个人入驻学浪的基本事项、课程上架的 3 个细节、课程更新的 2 个要点等方面，详细阐述做课者应该如何入驻学浪平台，上传课程。

个人入驻学浪的基本事项

从资格证书、成人考试等职业技能学习，到摄影、电竞、手绘等新兴职业与兴趣学习，学浪上的课程可谓是海纳百川。如此丰富的内容呈现，让积极拥抱线上新场景、致力于知识传播的个人创作者纷纷进入学浪，试水知识付费这片新蓝海。

首先，学浪入驻分为企业入驻和个人入驻。

（1）个人入驻。

相对于机构入驻，个人入驻门槛较低。现在学浪正处于平台开放期，不论当下是否有线上课程需要在学浪上架，只要对知识付费这个新赛道感兴趣并拥有专业技能的人，都应尽早入驻学浪，避免以后平台入驻门槛不断提高，甚至需要预约才能进入，错失行业风口。

目前，学浪已经在投资理财、互联网产品与运营、电子商务、游学、研学、海外学业辅导、医学类资格认证培训、财务会计类培训、高考志愿培训等课程领域，实行定向邀约的准入制度。

定向邀约意味着个人在这些方面不论能力多强，都无法通过注册在抖音进入该领域，只有获得平台邀请，才能从事该领域的知识输出。个人入驻学浪需准备的资料和资金要求如下：

①填写入驻资质时，需上传大专毕业证或教师资格证书；
②通过学浪开通抖店需支付5000元保证金，该保证金在退出抖店时可以退还。

个人入驻学浪需注意的事项有以下8条，如表9-3所示。

表9-3　个人入驻学浪需注意的事项

序号	事项
1	明确教学类目，入驻资料填写时，可选教学类目的数量必须在20项以内
2	账户年交易额限制在10万元之内
3	账户提现平台会抽取5.8%的手续费
4	可以绑定一个渠道号
5	可绑定一个官方的抖音账号
6	用户在学浪下单时，安卓系统的手机收取6%的费用，苹果系统的手机收取16%的费用
7	达人佣金按分销佣金率进行扣除
8	无须进行ICP备案

在资料准备完毕后，学浪会在后台对资料进行审核，审核通过后，做课者就算正式入驻学浪平台了，做课者也可以在个人的PC后台上传已经

制作好的课程。

（2）企业入驻。

企业入驻则需具备个体工商户执照或正式的企业经营执照。

保证金根据执照的类型提交，在金额上也有区别，个体工商户执照需缴纳 5 万元整，企业经营执照需缴纳 10 万元整（不同类型会有差异，具体以平台最新规则为准）。

当然，企业入驻不会限制年交易额，可以在学浪上架多位老师的课程，在渠道号的绑定上，可以升级为 5 个。除此之外，在提现手续费、抖店及抖音橱窗的开通和官方抖音号的绑定等诸多方面，均享有同类资格。

课程上架的 3 个细节

大量实操经验证明，在学浪上传课程时，以下 3 个细节不容忽视。

（1）标题设置。

众所周知，标题是课程内容的概要和核心，一个好的标题可以起到画龙点睛的作用。标题起得好，获得的点击量就大，也就更容易获得平台推荐。

很多做课者在设计标题时，都会充分考虑如何吸引用户的目光，以期获得更大的曝光率，却往往忽略了标题字数的框定。

在学浪上传课程，标题应由主标题和副标题两部分组成，其字数的设置最低不能少于 16 个字，最多可以输入 30 个字。课时标题最多可输入 20 个字。

不要使用无意义的字母、数字作为标题。此外，还需注意标题与课程内容的一致性，如果标题是职业技能培训，而实际课程为儿童兴趣培养，那么这门课程大概率是无法通过审核的。

（2）封面设置。

学浪课程的封面图片要求如下：

①尺寸为 600×600 像素以上的 1∶1 比例方图；

②文件大小需在 5MB 以内；

③支持 jpg、png、jepg 格式的文件，至少要上传 3 张封面。

（3）详情页设置。

由于图文详情的文字部分只在学浪端展示，而图片部分会同时在抖音和学浪端展示，因而详情页应尽量以图片的形式上传，以获得平台更多的展示机会。

图片的具体要求为：

①上传的 600×600 像素以上的 1∶1 比例方图不能少于 5 张；

②最多可上传 20 张；

③单张图片大小不得超过 2MB。

有一个图片制作技巧，我们可以把制作好的整张详情图片进行裁剪，然后把这些图片按照顺序进行上传，系统会进行自动拼接，形成一张完整的详情图展示。

需要特别注意的是，课程详情页中不得包含用户评价截图、"抖音"的字样、二维码、手机号等信息。

课程更新的两个要点

从事过网络文学创作的人都明白一个道理，只有坚持更新内容，才能获得平台更大的流量扶持及推荐。

试想一部网络小说正写到了精彩之处,作者突然断更,着实会让读者心痒难耐,甚至在网络文学界,曾经就出现作者断更,读者接龙进行后续创作的情况。

对于课程作者而言,不论是出于获得流量的支持,还是为了收获更多的读者粉丝,线上课程都应按照既定大纲,坚持内容的更新。线上做课者有时也会面临课程设计过多、过长,无法在短期内制作完成的情况,所以只能先在平台上传一部分制作完成的课程,待后续制作完毕后才进行课程的更新。

为了保证知识的连贯性及创作的持续性,学浪对于课程更新周期,后续课程的补充、增添都有明确规定。我们接下来分别阐述。

(1)课程更新周期的设定。

课程更新周期指正式开始授课时间至最后一个课时授课完成的时间,做课者应在承诺课程更新时间内,完成课程的全部更新。平台对课程更新周期做出了以下明确规定:

①在课程创建后30天内应进行课程的更新;
②从开始授课到授课完成的时间间隔不得超过180天;
③应在课程有效期前30天内完成全部更新内容。

在课程更新时,做课者应充分考虑现实生活中各类客观原因的存在,如制作课程的时间是否充裕等情况。在上传完已制作好的课程,并在设定后续课程更新的时间周期时,应尽量为自己预留充足的时间,以便能在规定时间内上传完成后续还待制作的课程。

在实际操作中，有的做课者因未能如期上传在详情页内已明确宣传的后续课程，而被平台判定未能如期履约。对此，平台会对课程发出警告，严重时平台会直接下架该课程，或用封号惩戒。

在这里需要重点提醒，填好的课程周期是不可以更改的，在填写课程周期时一定要给自己留有余地，以便遇到突发情况，也不耽误课程交付，影响自身信用评级及账号的正常运营。

此外，也需要注意，相邻两次课程更新的最大间隔时间不能超过15天。

（2）课程的补充、增添。

在网络文学的写作过程中，有时会发生这样的状况：作者突然有了新的灵感，于是重塑故事大纲，把故事线进行延伸。相对于小说的写作，课程的制作会更规范，这是由于课程所涉及的知识点相对固定。

但是，受知识不断更新，作者本人认知视野的不断扩展，或是作者在列举大纲时，未能把重点知识类目全部归纳其中等原因的限制，作者在课程制作中，也会有放入超出大纲或详情页介绍的课程现象的发生。我们举一个例子。

如果做课者原计划只做十节课，详情页在介绍该课程时也只写了十节课。在后续的制作中，他对该课程有了新的认知和补充，于是多制作了两节课。

这时，不必有任何顾虑，学浪可以无限量增加课时，超计划课时的上传不会遇到任何问题。在课程的后续制作中，如果需要补充新知识点，让课程更尽善尽美，只管动手去做。

学浪的这种特点也在无形中推动了做课者前行的步伐。

9.3 入驻抖店和抖音橱窗的实操分析

课程在学浪平台完成全部或部分上传后，我们就可以同步抖店、抖音橱窗进行课程的推广与销售了。

在本节中，我们会从入驻抖店的 5 个步骤、开通橱窗的 4 个条件、与 ICP 有关的注意事项等 3 个方面出发，阐述入驻抖店和抖音橱窗过程中有可能遇到的问题。

入驻抖店的 5 个步骤

在实际运用中，做课者应先开通抖店，然后再入驻学浪，进行课程作品的上传。

如果做课者之前并没有开通抖音小店，在入驻学浪时，应根据系统提示，从学浪电脑版的后台进入开通页面，以便享受豁免教育相关类目的 ICP 资质的权限。

在课程上传前应先打开抖店后台页面，点击店铺设置店铺官方账号，如此一来，上传到学浪的课程就可以同步到抖店了。

入驻抖店的过程看似烦琐，我们可以简化为 5 个步骤进行具体操作，如下所示。

步骤 1：登录抖店，进行相应资料的填写。

登录抖店官网（jinritemai.com），点击商家入驻登录，直接进行注册，填写未曾注册过抖店的手机号码。抖店的入驻和学浪一样，可分为个人入驻和企业入驻。不论选择何种方式，入驻都应保证上传资料照片有足够的清晰度。

根据入驻形式的不同，可根据系统提示，上传企业营业执照、个人或是法人身份证、店铺 Logo 等，并按要求填写店铺的主营类目和名称。

在店铺名称的选择上，最好与抖音号名称相同，以便于粉丝识别以及传播。

最后，我们还需填写开户类型、银行卡信息，等待系统审核。审核时间一般为 1~3 个工作日。

步骤 2：账户验证。

主体信息提交后，系统会对该账户进行验证，验证方式一般又分为两小步：

①填写预留手机号接收验证码；
②对公账户打款金额的闭环确认。

在进行对公账户打款金额的闭环确认时，平台会向递交的对公账户打入一笔款项，金额一般为 0.01 元。

当账户收到这笔款项时，只需填写收到款项的具体金额，便可通过对公账户打款金额的闭环确认，完成账户验证。

步骤 3：签署在线合同，缴纳保证金。

店铺审核通过后，可在线签署平台发来的合同，只有签署过合同，才能正常结算。

接下来就是保证金的缴纳了，对于知识付费类项目，需缴纳的保证金金额一般为 1 万~2 万元。如果缴纳的保证金不足，则会影响后续提现。

步骤 4：绑定抖音号。

绑定后成为抖店的官方抖音号，对绑定抖音号的粉丝数量等指标，系统并未做硬性要求，新号也可以绑定。

出于对流量和变现的考量，绑定时最好选择有粉丝的账号。

我们以后可以直接通过绑定抖音号，扫码进入抖店后台操作，也可以通过注册手机号登录。

步骤5：开通多账户管理。

入驻成功后，可到后台进入店铺栏下的支付方式进行设置，完成平台支持的所有支付方式类别的开通，开启多账户管理，方便不同路径的资金畅通无阻地汇入你的抖店账号。如聚合账户和微信账户等。

通过一张图，我们梳理了入驻抖店的5个步骤和操作时应注意的事项，如图9-2所示。

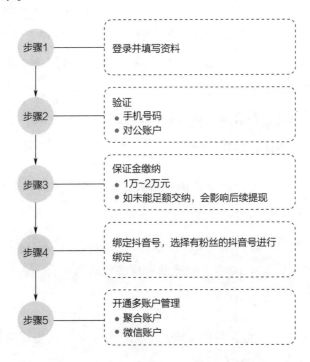

图9-2　入驻抖店的5个步骤及注意事项

完成以上步骤，就意味着做课者正式入驻抖店。做课者可通过抖店进行课程的上架、宣传、引流、销售及提现。下面我们就来了解开通橱窗应具备的条件，看自己的账户是否具备了开通抖音橱窗的条件。

开通橱窗的步骤及 4 个条件

不论是在视频中售卖课程，或是在直播中售卖课程，都需要把知识产品摆放在抖音橱窗内让用户"看得见"。只有用户看见了产品，产品才有被售出的机会和通道。

做课者只需开通橱窗，就完成了在抖音进行"知识变现"全流程操作的最后一步了。

绑定抖店官方抖音号之后会同步开通橱窗，缴纳 500 元保证金即可使用橱窗功能，如果想用其他抖音号开通橱窗功能，可用以下的方法开通：

做课者可以在抖音界面进入管理后台，到创作者服务中心找到商品分享一栏，申请开通即可。

值得注意的是，抖音对于橱窗的开通设置了一定的条件，账号需满足以下 4 个条件，才能开通抖音橱窗：

① 抖音实名认证（一个身份证只能认证一个抖音号，实名认证要谨慎，应在自己有规划的抖音号内进行实名认证）；

② 缴纳 500 元保证金；

③ 发布的视频数 ≥ 10 条（公开且审核通过的视频）；

④ 账号的粉丝数 ≥ 1000 人。

如果账号的粉丝数达不到 1000 人该怎么办呢？这里还有两种"零粉丝"开通抖音橱窗的方法：

第一，在抖音的设置栏中查询并点击账号与安全，通过账号与安全找到申请官方认证后，点击企业认证，在缴纳600元的审核费用后，便可"零粉丝"开通抖音橱窗了。

第二，在抖音小店后台查询并点击营销中心栏，下滑找直播卖货中的账号管理，点击需要绑定的抖音号后，缴纳500元的保证金，也可以"零粉丝"开通抖音橱窗。

要相信，问题总会在不断实践探索和学习中被击破，学习的过程是收获、进步与体验的过程。

接下来，我们将继续了解课程上架时要涉及的ICP，就ICP的注意事项展开讲解。

与ICP有关的注意事项

常规意义下，人们对ICP的理解是通过ICP备案和ICP许可证获取的。ICP备案是指经过国家主管部门批准的正式运营企业或部门，在互联网领域向网络提供内容的提供商。

而ICP许可证是指互联网信息服务业务经营许可证。仅仅几字之差，代表两个属性的ICP资质在办理时的难易程度和具体费用上的极大差别。

ICP备案的办理流程相对简单，只需登录中华人民共和国工业和信息化部官方网站，填写公司基本信息和网站基本信息，在提交后的1周到1个月内，就可取得备案号。

其办理费用较为低廉，只需几十元钱。

而ICP许可证的办理，须在本省内通信局或工信部线上和线下递交报告性材料，审核要求也更高，对注册资金、股权机构、公司章程、人资及社保情况，包括对平台、经营场地和设施也提出不同程度的标准及要求，需要申报者全部符合；同时，还需出具提供可行性、服务质量保障、信息安全等方面的措施报告。

ICP 许可证的办理费用较高，通常需要数千元。

有许多初入学浪的老师，不明白 ICP 备案和 ICP 许可证的差别，极易把两者混为一谈，不清楚要向平台提供哪种 ICP 资质。出现图 9-3 所示的情况。

图 9-3　到底要办哪一个 ICP 资质呢

细心的读者会留意到，在入驻学浪那一节的内容中，我们曾明确说过，学浪不需要 ICP 备案，那么为何现在又提到 ICP，并对 ICP 备案和 ICP 许可证做出了详尽阐述呢？

其实，对于做课者来说，如果自己的课程不需推广，只用于发表心得体会和交流，任何 ICP 资质都可以不办理，但是，若想对课程进行推广及流量的投放，则应办理 ICP 备案。

为了避免初入学浪的老师把两种 ICP 资质混淆，耗费过多的精力和时间成本办理本不需要的 ICP 许可证，本节特别对两种 ICP 资质进行了细致说明。

至于 ICP 备案的提交，只需把 ICP 备案进行截图提交便可，操作极其简便。

我们必须先去了解市场和客户的需求，然后再去找相关的技术解决方案，这样成功的可能性才会更大。相信通过本章内容的学习，大家已经掌握了实际操作中，课程上架的流程和方法，明晰 3 大平台之间密不可分、互为支撑的关系。

作为做课者，你可以参照本章课程知识点，对应实际操作入驻学浪、抖店，开通抖音橱窗，把自己具备的专业技能和知识进行变现吧！

本章小结

1. 课程上架的 3 种主要链路分别为学浪、抖店、抖音橱窗：

   学浪为知识产出后用来存放的仓库，抖店为产品销售的店铺，抖音橱窗为摆放产品的货架。

   顾客通过抖音平台走进抖音小店，发现店内出售的课程正好切合自身需求，于是进行购买、学习，使知识最终成功变现，实现价值的转换。

2. 个人入驻学浪的注意事项：

   需准备个人的大专毕业证或教师资格证书；

   在上传课程时，应注意标题、封面、详情页的要求和细节；

   课程更新周期的设置要量力而为，预留充足时间；

   学浪支持无限量加餐课时。

3. 入驻抖店的 5 个步骤：登录系统，填写资料；通过手机号码或对公账户进行账户验证；缴纳保证金；绑定抖音号；开通多账户管理。

4. 开通橱窗的程序并不复杂，需符合 4 个硬性要求：实名认证；缴纳保证金；视频发布数等于或大于 10 条；粉丝数不低于 1000 人。

5. 想要对课程进行付费推广的需要通过 ICP 备案，而并非是 ICP 许可证。

第 10 章
3 种推广工具的数据分析与应用策略

随着信息化、智能化的快速发展,每个行业都与信息技术快速融合,从而引发了数据的迅猛增长。

在流量为王的时代,人们每天都要处理各种纷繁的信息。对于迈入数字化时代的经营者来说,数据分析已然成了必备的工作技能之一。这也是做课者需要学会做数据分析的原因。做好数据分析,做课者才能更好地适应这个时代的游戏规则,从而在知识付费赛道看清本质,获得先机。

正如 Gartner 研究院副总裁 Peter Sondergaard 所言:"数据是 21 世纪的石油,而分析则是内燃机。"事实上,数据分析涉及的内容非常多。对于刚接触数据分析的做课者来说,对于很多概念和方法完全不明白,甚至连什么是数据分析都不清楚,更不要说在实践中通过课程的数据情况分析做课策略和思路。

在本章中,我们借助课程的 3 大推广工具来重点谈谈它们是如何做数据分析的,以及它们在实际操作中的应用策略有哪些。

10.1 课程的3种推广工具：DOU+、随心推和巨量千川

说到数据分析，可能很多人都会谈虎色变，一听到这么专业的词，就会认为这必定是难学习、难操作的东西。事实上，我们想要做好数据分析并不难。对于新手来说，掌握好方法，就能够在实际操作中运用自如。

在本节中，我们将主要阐述与课程相关的3个推广工具，它们分别是DOU+、随心推和巨量千川。我们来学习它们的特点和差异。

对课程推广工具概念的理解

在线上课程的推广、营销上，有DOU+、随心推和巨量千川等3大工具可以为做课者所用。可能大部分人对于这3种推广工具的名称还比较陌生，但是它们并非我们想象中的那么遥不可及。

这3个推广工具的概念其实不难解释，它们的功能更像是一个放大镜。

举一个简单的例子。在实际生活中，并非人人都是素材达人，都能使视频变得很有创意，吸引他人的眼球。做课者必须承认，普通人的带货素材并没有看起来那么的特别和新颖，所以绝大多数人就会想要去借助一些推广工具使带货素材更具吸引力。那么在数据放大方面，这时候就会需要用到这3个"放大镜"了。

就放大程度（推广程度）而言，在这3个工具当中，DOU+的放大程度比较小，巨量千川的放大程度最大，而随心推则介于二者之间，如图10-1所示。

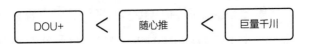

图10-1　DOU+、随心推和巨量千川推广力度的对比

做数据分析时必备的信念

常言道，"磨刀不误砍柴工"。在我们做数据分析时，一定要有做数据分析的必备信念。简单来说，就是对于这3大推广工具而言，不应该在没有理清头绪之前，随便地去投放。

如何去理解这个必备信念呢？

做课者不要把数据热度看得太重，也不能太过于依赖这3大工具。因为天上不会掉馅饼，我们不要指望在内容还没有做好的情况下，单纯依靠工具就能实现流量的井喷，这是非常不现实的事情。就拿最简单的DOU+

工具来说，单靠 DOU+ 就能给我们创造爆款的可能性非常小。

这是因为将课程的推广视频投放在 DOU+ 的前提条件是：这条推广视频原本的数据就不错，并且在我们发完视频的 2~3 个小时之后，还可以惊喜地发现这条推广视频的基础数据竟然比预估的还要好，甚至高出了过去所有推广视频的平均水平。这样才比较适合将这条视频投放到 DOU+，让它帮助我们再次去"点燃"和撬动这条推广视频的数据。

要知道，在投 DOU+ 的视频当中，大家更多投的其实是成倍增长的点赞、评论。换言之，投 DOU+ 就是投做课者的粉丝量。所以说，DOU+ 偏重于纯内容的视频素材的放大。

总之，DOU+ 的作用是将原本比较亮眼的数据进行再次放大，其形式更像是"锦上添花"。

但如果推广视频本身已经带了抖音小黄车[一]的视频，那就没有办法投 DOU+ 了，而只能投随心推。因为 DOU+ 更多的是对内容素材的放大，而随心推则是相当于一个电商版的 DOU+，即视频只要挂上小黄车就可以带货了。带货的视频无法在 DOU+ 中投放，只能在随心推上投放。

总而言之，随心推的作用非常明确，它更像是介于 DOU+ 和巨量千川之间的那个放大镜，它的专业性会比 DOU+ 要略强一些，但又比巨量千川要简单一些，所以也有人称随心推为"电商版 DOU+"或是"简易版巨量千川"。对于巨量千川工具，用户无法在手机上操作，它需要我们在电脑端后台上去操作。那么它的庐山真面目到底是什么呢？

巨量千川是一个专业性更强的广告投放工具。

[一] 抖音小黄车是抖音提供的一种变现方式，用于电商商品挂链分享，通过用户在其中下单获取佣金。

对于抖音平台来说，广告投放的收益不容小觑，也就势必会诞生一种职业来专门负责抖音广告上的投放，这样的人被称为"投手"。

在一个团队里面，"投手"的重要性不言而喻，所以"投手"的价格往往也是团队成员里比较高的。为什么会有这样的差异呢？

因为"投手"因素对于最终的投放效果影响非常大。比如，一个"投手"投得好坏，经验是否丰富等因素，都会直接影响推广视频最终的收益。

言外之意是，如果做课者花了1000元去投巨量千川的推广，最后能赚回来多少钱，还是要看我们选择的"投手"的能力大小。因此，对于巨量千川这个投放成本较高的工具而言，我们可以先简单有个概念就好，千万不用着急去投放推广视频。毕竟专业的事要交给专业的人去处理，这样才能省心、省力。

对于DOU+、随心推和巨量千川这3大推广工具而言，它们的投放侧重点也不同，如表10-1所示。

表10-1 DOU+、随心推和巨量千川的投放侧重点比较

类别	侧重点
DOU+	侧重纯内容素材的视频，基础数据良好，能够迅速放大推广视频
随心推	带小黄车、带货电商类的视频，带货视频、直播加热，主要以成交单量为主
巨量千川	专业的广告投放、专业"投手"操作的视频，带货视频、直播投放，人群定位更加精准

在投放这3大推广工具之前，我们必须要有"学会看数据"这一习惯才行。因为只有学会看数据，才能让做课者的投放推广视频的技能越来越

专业，才能实现更好地投放，达成推广课程的目的。

还有一点特别需要做课者注意：在预算不足的情况下，请不要盲目投放推广。

在投放课程推广视频的过程当中，我们一定要学会迅速复盘，学会及时查看和分析数据。只有读懂了数据，才能够指导我们更好地了解下一轮的投放规则，并进行下一轮的推广投放。

10.2 DOU+ 的数据分析与应用策略

作为一个侧重纯内容素材视频的工具，DOU+ 的受众群体是最广泛的。做课者用好了这个工具，能够为课程的视频推广添砖加瓦。

在本节中，我们将引导做课者学习 DOU+ 的数据分析与应用策略，帮助大家在实际中利用 DOU+ 做好课程的宣传和营销。

用 DOU+ 做数据分析的流程

DOU+ 查看数据的终端并不唯一，我们可以通过电脑端和手机端等查看，查看的方式也十分的便捷。在 DOU+ 手机端上，我们完全可以看到每条视频相关的数据，但数据的信息会比电脑端上的稍微少一点。

在手机端上，当我们想要去查看一条视频的数据时，我们可以点击这条推广视频右下角的 3 个点，再点击"数据分析"，查看具体数值。

用 DOU+ 电脑端查看数据时，电脑端会要求我们先点击解锁，解锁后就可以同步查看手机端和电脑端的信息了，如图 10-2 所示。

第 10 章
3 种推广工具的数据分析与应用策略

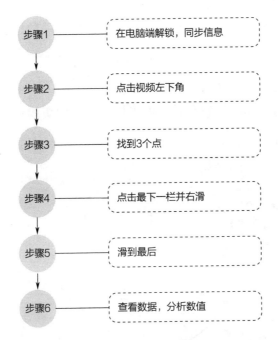

图 10-2　用 DOU+ 手机端和电脑端做数据分析的流程

以 DOU+ 手机端为例的数据分析策略

对于大多数刚刚接触自媒体的新手而言，学会在手机端上查看数据分析是十分有必要的。那么在实际操作过程中，有什么需要注意的吗？

我们以在 DOU+ 的手机端上查看数据为例进行分析。首先，作为新手，做课者无须日复一日地去刷别人的抖音数据，应该把更多的精力专注于自己发布的视频内容上；同时，还要在第二天及时查看前一天的视频数据。

只有及时查看数据，才能将全部身心投入到知识付费这件事上；也只有学会数据分析，做课者才能真正有本领。这就好比独自一人开车的新手司机，坐上驾驶座就要学会查看仪表盘。学会看数据就跟学会看汽车仪表盘一样，手机端的后台数据能告诉我们推广视频的数据情况，还能及时地告诉我们在整个平台当中与该视频同品类作品的相关数据和流量是什么样的。我们可以以 DOU+ 手机端后台数据为例分析。

从图 10-3 中，我们可以十分直观地看到推广视频与大盘平均数据的对比。实线代表的是线下全平台视频的平均数据，而虚线代表做课者的这条推广视频的数据。

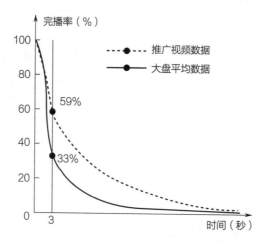

图 10-3　推广视频数据和大盘平均数据的完播率对比

通过对比我们可以看出，这条推广视频的完播率比平台的同品类视频数据要好不少。

譬如，在 3 秒完播率上，虚线的数值为 59%，这意味着有 59% 的用户点击观看该视频的停留时间超过了 3 秒；而实线的这项数值仅为 33%，说明这条推广视频的数据远高于整体大盘数据。

类似于这样有数据差异的视频，就比较值得再用 DOU+ 工具继续投放一下，因为这样的视频投放在 DOU+ 上的效果一定会翻倍，达到理想投放效果。

众所周知，在短视频平台上的视频第 1 秒或前 3 秒都是十分关键的。

如果一段视频的"5秒完播率"数据能超过50%，说明这条推广视频有成为爆款的趋势，也就比较容易"火"起来。那么自带的高流量能给做课者带来什么好处呢？

DOU+手机端不仅能帮助视频创作者分析出他们的数据流量，即把推广视频的数据和平台其他同类视频的数据做对比；还能在手机后台上查看其他的有效信息，如用户的划分信息等。譬如，"光哥知识论"的受众群体72%是男性，28%是女性等。

并且，在手机后台不仅有该博主整个账号的粉丝划分，还能清楚地看到每条视频的单视频粉丝划分数据，这样就可以更好地帮助博主去创作自己的内容素材，经营好自己的用户粉丝。总而言之，学会查看手机后台的数据分析就像是教人们去打开一个个神奇的魔方。一旦打开后台数据分析这个魔方，我们可以通过研究、分析数据来把握平台的流量。这样"自食其力"的做法也为大多数做课者免去了请教"大咖"的烦琐步骤。

遗憾的是，大多数做课者并不爱琢磨后台的数据，甚至去后台翻阅自己的数据的次数都屈指可数。所以对于做课者来说，养成良好的观看推广视频后台数据的习惯十分重要，这有助于厘清做课者的营销思路。在大数据时代，为什么总有数据表明现代人的学习热情远不如古代人的勤奋呢？

归根到底，可能就是因为那些总爱学技巧的人往往最后都成了不爱主动学习的人的"韭菜"！渐渐地，大家都丧失了学习的主动性，总想着去别人那里"拿"一点现成的学习技巧来用，久而久之，便失去了主动学习知识的能力。作为做课者的我们，需要加强自身的主观能动性，学会主动分析DOU+手机端上的数据。虽然我们并非一定精准地记下每一个数字的含义，但最起码要对自身账号的粉丝模型及结构有初步了解。

这样做课者才能在接下来的投放过程中，不管是利用DOU+工具，还是随心推，都能够思路清晰地通过数据做出课程推广、售卖的相关策略了。正因如此，大部分会数据分析的做课者也能够明白，应该侧重于投放哪些粉丝群体和用户。

在投放 DOU+ 时，做课者还可以选择一个功能，即系统自动推荐功能。这个功能不仅可以选择与同类账号相似的粉丝群体，还能让系统自动帮助账号作者判断粉丝模型跟哪一个抖音"达人号"的粉丝模型最为接近。换言之，该抖音"达人号"会成为自身的对标账号。如此一来，大数据会根据受众的粉丝情况推荐相似的粉丝群体给自己的账号，帮助账号视频内容的推广。

最后，我们在查看 DOU+ 手机端上的数据分析时，还有一个小小的窍门：如果你想选择某些"达人号"的粉丝来投放推广视频的话，请不要"好高骛远"，跟风选择那些粉丝群体基数庞大的账号，反而应该选择一些与你处于同一个赛道的账号的粉丝群体去投放。这么做的目的是使投放更具针对性。因为那些"百万级别"粉丝的头部账号的粉丝群体会比较广泛，类别多样，盲目跟风投放容易陷入粉丝群体判断不准确的境地。而那些拥有几十万左右粉丝的腰部账号，比前者的粉丝定位更清晰。

同时，作为新人，做课者还可以再选择一些粉丝数量在几万或十几万，甚至是近期刚刚兴起的新账号作为对标账号，进行推广视频的投放。

除此之外，做课者还需要学会兼收并蓄，不管是头部、腰部还是尾部的账号，都需要去学习、模仿他们的长处。说到底，在选择账号相似的达人时，我们更要学会的是组合交叉的思维。任何理论都需要在实际生活中实践。不论是查看数据的策略，还是系统自动推荐的策略，这些都需要新手做课者去大胆尝试。

我们可以在 DOU+ 上对一个视频投 200 元试水，看看手机端的数据，尝试系统自动推荐。等我们有了新的想法，再来一步步去尝试更专业的投放工具。

10.3 随心推的数据分析与应用策略

我们可以把随心推称为"电商版DOU+"和"简易版巨量千川"，其主要与电商方向的推广结合紧密。在本节中，我们将学习随心推的数据分析，并阐述随心推的应用策略。

随心推的3个关键点

随心推可投放任何带货类视频以及直播间，每种商品投放情况以及效果都不一样，以知识付费赛道为例，经过实操测试后总结出3个关键点。

（1）随心推的投放应在视频发出后的一天再进行。

随心推作为"电商版DOU+"，在给视频挂上课程链接准备开卖时，可以先发布视频看看自然流量的整体数据情况，千万不要立马投放随心推，等待一天，静观其变。

用一天的时间，看这条推广视频的数据或者点击率如何。如果从一开始这条推广视频的自然流量数据就很糟糕，那么我们完全没必要耗费资源投放随心推。

（2）多发几条推广视频，对其中数据最好的视频投放随心推。

我们如果真的想用视频来带货，那么就可以试着多发几条视频，可以针对某款准备带货的产品，发布2~3条推广视频。

发完之后,再在第 2 天分析前一天这几条推广视频的数据,进行横向对比。横向对比的结果肯定有好有坏。这时候,我们可以将 3 条带货视频中数据最好的那条投放随心推。

(3)投放随心推之前,我们前期就要对自己账号的粉丝模型有充分的了解。

在自己账号已有粉丝的基础上,了解账号的粉丝模型,如粉丝分布在什么年龄段,排名前十的地域分布,以及兴趣、爱好分类等。

在这个基础上做随心推投放会有事半功倍的效果。假设你的账号女性粉丝比较多,那么你推广的产品也是女性用户比较喜欢的,如果用随心推向男性用户投放,那效果一定没有预想的好。

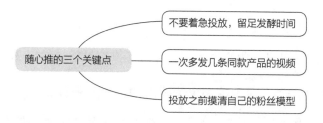

随心推的 5 个修正策略

在进行随心推的投放时,可以进行小金额的测试。除了单条视频和多条视频的测试之外,还可以进行组合投放的测试,只是在测试的过程中,我们一定要学会及时地去修正。

那么随心推的修正策略有哪些呢?主要有 5 个关键性的修正策略。

(1)我们在发出几条视频之后,除了做横向对比,挑选出数据较好的视频,还要做到及时监控。

在实际的推广投放过程中,会出现前期数据不错,但后期消耗高却转化率不高的视频。对这些视频，我们要及时监控，做到及时关停，避免造成损失。

（2）将投放的钱留给那些 ROI 为正的视频计划。

何为 ROI（投入产出比）？ROI 即投入产出比。一般而言，ROI 为正，说明经营活动在盈利；若为负，则为亏损。并且 ROI 越高，经营的利润就越高。

理解了 ROI 之后，我们就可以理解做知识付费产品相较于传统实物产品的优势了。其优势是，知识付费产品的成本主要为人工成本，假如做产品的人是做课者自己，那么其投入可以算作"零"。所以无论你生产创造多少个视频，它的成本并不会增加，但实物产品却不能做到这一点，因为它的成本投入并不能降到"零"。

假设我们去卖杯子，投入的成本为 1 元，如果杯子的定价为 1 元，那么我们其实是在亏损。只有当 ROI 值为正数时，才意味着这个产品是可以盈利的。所以当我们的视频 ROI 值为正数的话，我们就一定要用好随心推。

（3）我们在每一轮的投放结束之后，要及时做好复盘修正。

需要复盘的问题有：哪几条视频的投放数据比较好？粉丝的划分侧重于哪些？投放时该选择哪个年龄阶段的用户及哪些区域的用户？等等。在复盘时，我们对于这些问题的答案了然于心，按照这样的人群划分，把投放不错的那条视频继续拿出来再进行投放，这样效果肯定是翻倍增长的。

（4）对于 ROI 为正数、数值巨大的视频，要不遗余力地进行推广。

假设某条推广视频花了 100 元进行投放，它给我们带来的订单金额有

1197元，那么这条推广视频的ROI就是1097%。这样稳赚不赔的投放，才是真正有效的投放。

如果在一定时段内可以取得较高的收益，并且你投入1000元、10000元之后，获得的回报是呈正比例上升的，就可以适当地持续投放；同时，你还能够在这样的投放中收获更多的粉丝和关注。

（5）根据推广视频的播放量来投放资金。

每次的投放金额可以自由选择，金额的数字可以是100～200元，也可以是1000～10000元这样比较大的数额。金额的大小都是自定义投放设置的，我们要根据推广视频的播放情况来决定。

随心推的注意事项

在利用随心推投放推广时，有几点需要做课者留意。

第一，所有的新手在投放推广时，最好是从小额投放开始尝试，并且从测试型的投放开始会更不容易踩坑。

同时，我们还可以选择出价。如果是为了优化目标，新手做课者们可以选择"商品购"。因为我们本来的目标就很清楚，便是希望通过粉丝转换购买的数量。

第二，关于投放时长，结合过去的经验来说，选择24小时的效果是最好的。

如果时长太短的话，根据平台的算法，它没有足够的时间帮我们匹配目标群体。但如果时间太长也不行，因为这样做会延长每次的复盘节点，不能很好地反馈和修正投放策略。所以24小时是最优时长。

第三，做课者还需注意平台里可供选择的出价方式。

第 10 章
3 种推广工具的数据分析与应用策略

正常情况下，建议大家直接选择自动出价，这样做是为了便于根据后期视频的走势调整策略。如果数据量不错的话，更容易做到有的放矢，不必去纠结每天应该怎么投放。

第四，用好"自带推荐"。

任何一个想要做大的平台，都信奉长期主义，竭尽所能地为用户服务。而平台的最终目的是和用户实现双赢。

所以当我们在操作这些细节时，如果对哪些细节存在疑问，你觉得捉摸不透时，不妨去试试系统"自带推荐"这一个选项。相信平台是经过千万次筛选后，才匹配出大多数人的喜好。

熟悉了随心推的推广策略，做课者便能够更好地将做课与电商结合起来进行营销，使做课者在为他人提供知识、技能的同时实现自我价值。

10.4 巨量千川的应用策略

相对于前面两节所阐述的工具而言，巨量千川会更专业一点，它对人群的定位更加精准。在本节中，我们将对巨量千川的开通方式做具体阐述，并通过 3 种开通方式的对比，给出巨量千川的数据分析及应用策略。

首先，我们来学习 3 种开通巨量千川账户的方式。

开通巨量千川账号的 3 种方式

巨量千川账号的开通方式有 3 种，这 3 种开通方式并不都是比较简单的。我们在开通巨量千川的账号时，有一些小技巧需要注意。

第一种开通方式是通过抖音电商官网开通：

- 首先登录抖音电商的官网（douyinec.com），移动到"登录"键；
- 然后在里面的下拉菜单点击"达人工作台"，跳转至巨量百应的页面；
- 接着，用抖音账号登录，在屏幕的左边选择"直播管理"；
- 再选择"巨量千川"这个选项，点击"直播推广"；
- 继续到达开户的界面，这样就完成了账户的开通。

这种方式比较简单便捷，我们在家里就可以自行开通，一般不会出现问题，如图10-4所示。

第二种开通方式比较简单。我们只需要登录抖店，然后选择巨量千川界面，进去之后，就可以开通巨量千川的账号。

这种开通方式同样也不需要其他人的配合，自己在家即可操作，如图10-5所示。

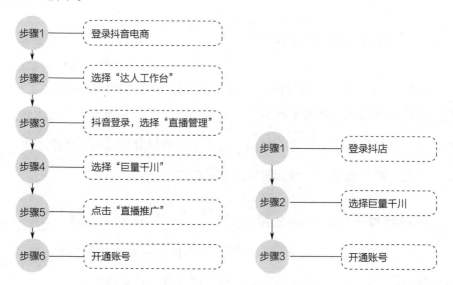

图10-4 用巨量百应的方式开通巨量千川账号　　图10-5 通过抖店的方式开通巨量千川账号

第10章
3种推广工具的数据分析与应用策略

第三种开通方式需要我们找到巨量千川官网（qianchuan.jinritemai.com）的直客，然后找到官方的客户经理去对接，让其帮忙开通。

直客会全程帮我们操作，这个过程不需要我们配合。开通直客之后，他会告诉你接下来需要的充值金额以进行推广投放。

3种开通方式的对比与应用策略

做课者掌握基本的开通方式之后，需要对其做一个对比，以便在课程的营销阶段加以运用。

第一种和第二种开通方式的优点在于开通速度很快，并在账号充值之后即可进行推广；但是，它们的缺陷是容易被系统默认派发到一个商业发展组，这对于账号后期想要进行更大的拓展性操作就比较困难。

因为账号一旦被分到商业发展组中，后期就很难再重新开一个新千川账号了，如果是为了多开一个千川账号而去再开一个抖店，那烦锁程度可想而知。所以前期打算投放千川，一定要想清楚是否需要多户投放。

而第三种方式由于是找第三方直客帮忙开通，一开始就对接良好，对方愿意倾听账号所有者的诉求，他们会把账户匹配到相应的组里。

直客就类似于第三方公司，我们在找他们开通账号之后，就相当于是他们的客户。接下来我们遇到任何问题，直客也有专门的客服进行对接。相对而言，大部分人会觉得第三种方式更优化、更简便一些。因为在开通账号之后，接下来不管遇到任何问题，直客都可以提供"点对点"式的服务。如果做课者选择自己去摸索，那么相对来说，过程中遇到的麻烦会更多一些。

课程推广是做课者后期运营的必要工作。因此做课者需要重视对课程推广工具的学习。通过本章的学习，我们希望做课者对DOU+、随心推和巨量千川有一个清晰的认知，并且能对它们进行自如地运用。

本章小结

1. 不论是DOU+、随心推还是巨量千川，工具的功能是便捷于人，服务于人。我们在对比这三者测试推广样本时，一定要学会去看工具上的数据以及用户模型。

2. DOU+侧重于做内容素材上的投放，且无法推挂小黄车视频，更适合新手；随心推是DOU+的进阶版，可以携带小黄车的视频；巨量千川则是专业版的推广工具，只能在计算机上操作。

3. 不要花钱买粉丝量，真正精准的粉丝一定是通过细化你的内容而获得的。

4. 无论是DOU+、随心推还是巨量千川，它们能做的只是在好内容上产生放大的作用，而没法代替内容为主的经营动作。内容是一切运营的核心，不要本末倒置。

第11章
建立知识付费赛道核心模型

在这个"信息爆炸"的时代,知识付费的概念已经深入人心,已经形成产业化的发展趋势,与之相关的内容创业成为上行风口。知识付费的本质,就在于把知识变成产品或服务,以此来实现知识的商业价值。也就是说,提供解决问题的方案,帮助我们做出能卖出去、符合大众人群需求的产品,将知识的价值最大化。

由此可见,在当今时代,我们需要掌握一定的建立知识付费赛道核心模型的方法。正如投资大师查理·芒格所言:"要想成为一个有智慧的人,你必须拥有多个模型。"

在本章中,我们将详细阐述该如何合理建立知识付费赛道的核心模型:

首先,我们将从如何"避雷"出发,详细分析知识付费赛道常见的5类"流言",并告诉做课者应该如何攻破;

其次,我们将以抖音账号为例,具体介绍知识类账号的运营技法;

最后,和做课者分享为什么要建立4款爆款视频库,以及如何运用4种运营心法等内容,帮助做课者建立起知识付费赛道的核心模型。

11.1 击破课程短视频的 5 个"流言"

在日常生活中，我们经常会面临这样的局面：当我们为了完成某件事而努力奋斗的时候，难免会碰到一些难以解决的难题。这时，无论我们面对的障碍是微不足道的，还是难以解决的，都免不了陷入慌乱的境地，也有可能"病急乱投医"：今天听到别人说某种方法好，于是用这种方法去解决问题，结果发现并没有效果；明天又听到别人说有"秘籍"，但拿过来用了之后，发现还是不能解决问题。

表面上，这些做课者每天都在忙于寻找各式各样的窍门、"秘籍"，实际上都没有花真正的心思去做正确的事情。因为这些小心思并不是别人亲身实践过的，这并不意味着我们被别人欺骗了，而是这些小心思可能是别人在不经意间听说的，他们只是扮演"信息传递者"的角色。

我们把这种未经过实践的、并不能真正解决问题却广为流传的窍门、

"秘籍"叫作"流言"。想要真正解决问题,做课者只有一个办法:用实际行动击破"流言"。在本节中,我们以运营抖音账号为例,讲讲如何击破最常见的5个"流言"。

"流言"1:养号"秘籍"

做课者经常会听见的"流言"之一——当我们拿到某个号的时候,该怎样运营这个号,怎样"刷"才能养好它。但是,养号真的有用吗?那些所谓的养号"秘籍"真的能够助力我们的账号更好地发展吗?

这些问题的答案是不确定的。不过我们可以凭借实际行动,不养号、不依赖所谓的养号"秘籍",也可以把账号做好。我们可以用一个运营抖音账号的例子来说明。

当做课者创建一个新账号,发出第一条视频的时候,最初的确很少有人会关注。但等到发出的第17天或者第18天的时候,这条视频就开始逐渐显露在大众的视野中了。

此后,在这个账号发出的视频就开始一点一点地积累流量,慢慢成长。

看!就像这样,没有任何养号的过程,不用依赖任何养号"秘籍",任由它"野蛮生长",依旧可以让账号发展起来。

所以,新手在运营账号的时候,实在没有必要从一开始就套用各种网上所谓的养号模板。过多地借鉴模板,还可能会造成账号经营过于死板、模式化等情况,从而导致手忙脚乱忙了半天,账号却一直都没什么进展。

"流言"2:潜在流量入口

做课者经常会看到某些平台介绍的"潜在流量入口"。在这个信息化的时代,有很多人为了让短视频的点赞量和评论量更高,就会亮出这样的

"噱头"：想要视频获得流量，就必须通过某个固定的发布入口发布视频。只要从这个流量入口发布视频，自己的视频流量就会非常大。

本着"流量的羊毛，不薅白不薅"的心理，大多数账号经营者选择了相信这样的"广告"，并且在由"广告"推荐的流量入口发布了大量视频，但是却毫无效果。

最后他们终于发现：没有任何一个发布入口可以增加流量！那么，如何来击破这条流言呢？要想击破这条"流言"，做法很简单，我们可以到发布这种"广告"的账号主页看一下。

如果账号本身没有几条爆款视频，那它怎么能够帮助别人找到流量入口呢？该账号无非是借助这种手段，提升自己视频的停留率罢了。

想要提高流量，做课者需要走正途。我们可以通过大型短视频平台的激励计划，如像抖音推出的"图文计划"。做课者可以用一张官方发布的图片，添加音乐，构建一个好看且有价值的流媒体视频。通过这样的"图文计划"，我们发布的视频能够为自身的知识类账号增添流量，助推账号的发展和课程的售卖。除此之外，请不要相信有神秘的入口可以让我们得到巨大的流量。

"流言"3：内容被"限流"

往往在短视频的播放量未突破500次的时候，很多账号经营者会胡思乱想：自己的视频是不是被"限流"了？

所谓"限流"，是指视频不被官方推荐，没有粉丝去有目标性地搜索自己的短视频，那么这些视频的播放量自然就会增长得很慢。针对这一说法，我们不妨设想一下，在我们的账号下甚至没有一个视频的播放量能突破500次，平台官方根本没有时间去管理一个这么小的账号。他们哪有工夫来给我们的视频限流呢？

所以，当短视频的流量不够、播放量过小的时候，我们唯一需要反思的是如何提高短视频内容的质量，而不是认为内容被官方限流了。短视频的内容好才是王道，没有好的内容作为短视频的内在支撑，其他的方面再优秀也是绣花枕头——华而不实。

"流言"4：培养传统电商思维

第4个"流言"是培养传统电商思维。很多人认为短视频运营应该借鉴电商思维。目前，许多短视频运营都存在带货功能，各种各样传统电商思维的运营套路也层出不穷，如表11-1所示。

表11-1 传统电商思维的运营套路

分类	说明
差异化思维	视觉差异化：视觉的差异化一定要做到非常深刻，这样的产品无论在直播间的静态页面，还是动态效果，都能表现得很好 亮点差异化：指产品具体的亮点在哪里 直播间差异化：可以使用音乐、装修等来增强视觉效果，活跃直播氛围 售后服务差异化：通过优化自身的售后服务流程来提高售后服务质量和及时率
爆款思维	沙漏式筛选爆款；爆款推广
柔性生产链思维	有效降低库存；加大爆款轮转率
直播思维	场控组、产品组、数据追踪组、外联组、仓库组等

为什么这种看似完备的计划也会被划分到"流言"中呢？

因为无论传统电商思维有多完善，我们都无法忽视这些电商思维背后的底层逻辑，通过放大产品的功能和精美的视觉效果，获得屏幕另一面的用户的下单。

并且，其中还有可能包括两大陋习：刷单和找别人刷好评。这两大弊端不仅在电商行业受人诟病，而且在短视频运营上也毫无道理可言。从长远来看，如果课程的短视频点赞数都是找人刷出来的，根本不能真正学会短视频运营之道。真正吸引用户的是有价值的视频内容，以及精巧的制作、剪辑手法。

因此，在运营课程的短视频时，我们需要摒弃传统的传统电商思维，特别是摒弃刷单、刷好评等陋习。

"流言"5：多刷平台

最后一条"流言"是最常见的一条——多刷平台。打破这一条"流言"，我们要从用户标签和创作标签入手。

什么叫用户标签呢？

举个例子，我们在学习建立知识付费核心赛道这一块内容时，是否需要我们自己天天刷平台相关赛道的视频呢？如果我们听信了"要多刷平台"的"流言"，那当我们感兴趣的视频看完后，我们难免会浏览到其他方面的视频，刷的越多，在平台上我们的用户标签就会越混乱。

再如，如果我们平常喜欢看羽毛球的短视频，那么短视频平台就会给我们推荐羽毛球的相关视频，因为我们的用户标签是"一个对羽毛球感兴趣的人"。

但是，我们在平台账号上发布有关篮球的视频的话，那么我们的创作标签就是"篮球"，这个时候，无论是过多地浏览别的内容的视频，还是把各种内容的视频推送、分享给别人，都会造成我们的用户标签混乱。

只要我们的创作标签始终一致，持续发布同一个属性的视频内容，那么我们吸引别人的焦点就不会改变。因此在进行视频运营的时候，我们只需要尽量使自己的创作标签垂直，以便别人了解我们。至于用户标签的单一性，我们没有必要维持。

所以，我们不需要刻意地去多刷某一平台的短视频来保持用户标签的单一性。

11.2 课程短视频账号的运营技法：以抖音为例

日常生活中，我们判断一个短视频账号做得好不好，主要看它的流量情况。如果流量大，那么可以判断这个账号的运营是成功的；如果一个短视频账号几乎没有流量，那么这个账号的运营无疑是比较失败的。

那么，做课者要通过怎样的运营手段，来获取短视频账号的流量呢？在本节中，我们将以抖音为例，来学习抖音账号的运营技法。

流量 = 内容 + 方法 + 勤劳 + 高效运营

获取流量需遵循4个步骤，我们可以将其总结为一个公式，即"流量 = 内容 + 方法 + 勤劳 + 高效运营"，如表11-2所示。

表11-2 短视频账号的运营技法

分类	说明
优化视频内容	运用技巧降低产品销售的功利心，提高用户的观看兴趣；通过增加粉丝观看福利的方式，引导更多粉丝观看，提高观看率
掌握视频投放的技巧	第一步：增加点赞评论数；第二步：增加核心粉丝的数量，以"达人"粉丝优先的顺序推送视频
勤劳运营	与粉丝保持充分的互动
高效运营	在视频下方置顶一条优质评论，提高粉丝对账号的关注度

以抖音为例的具体实操

首先是优化短视频内容。如果我们想让短视频吸引更多人的目光，受到更多人的青睐，那么优化视频内容的质量就是一件非常重要的事情。

譬如，我们想要销售服装、鞋子，为这些产品做宣传，我们就可以在抖音账号中发布一些关于服装和鞋子穿搭的短视频，以此来展示产品，让我们销售产品的目的表现得弱一些。

这样的话，观看短视频的用户对于广告的抵触感就会减弱。同时，我们也可以在内容中加以适当的引导。

众所周知，核心粉丝的观看量是普通用户观看量的好几倍，提高核心粉丝的观看量十分必要，做课者可以在视频内容方面多加引导，并设置粉丝观看的福利。关于视频内容方面的技巧，我们在上文和前面几章中有详细阐述，在此不做赘述。接下来，再来谈谈几个比较实用、有效的运营方法和步骤。

第一步，我们需要思考通过视频投放来提高哪些数据。

我们可以尝试发布一条视频，过了2~3个小时之后，我们再看一看，如果发现这条视频的数据还不错，我们就应该思考接下来要提高什么。在有条件的情况下，比较明智的选择是提高这条短视频的点赞量和评论数。

试想一下，如果一条短视频发布超过了3个小时，点赞量依旧很低的话，那么它是不足以吸引别人关注的，所以第一步我们先想办法提高点赞量和评论数，把基础数据提上来。

第二步，我们要提高核心粉丝的数量，特别是"达人粉丝"的数量。

如果这个时候视频的点赞量已经比平均水平要高一些，那一般的运营平台就会给我们自行推送一个"粉丝模型"。

这样，在我们选择投放的时候，就可以自定义一个"达人粉丝"来投放。

第三步，如果我们的视频有人评论，那请不要忘了，与粉丝保持充分的互动也是一个十分重要的运营技巧。

我们的互动不能死板，既要脚踏实地，又要有趣诙谐。我们应该推己及人地思考，所有人都希望自己得到关注：当我们发布视频的时候，希望得到关注，被更多的人看见；当观看者给我们评论的时候，他们也希望得到我们的关注。

所以无论是评论区的互动，还是私信的互动，我们都要争取做到第一时间回复。

第四步，我们还可以做一个有技巧性的小动作——在视频下方置顶一条优质的评论。

当发布一条视频后，我们可以对这条视频发布一条可以引发大家思考和留言的评论；或者针对视频中的某一个话题，再引出另外一个值得大家探讨的话题。

通过这个技巧，我们就可以达到增加粉丝黏性和视频热度的目的。其实在现实生活中，很多人看完短视频之后，如果觉得有趣，就会情不自禁地看看这条短视频下面的评论。

视频运营者也不难发现：很多短视频的下方的评论区都是平台用户展示才华的地方，有的评论甚至比短视频本身更加好看。

所以在发布视频之后，创作者置顶一条诙谐的、有启发性的、能够引起遐想的、具有引导作用的评论，可能会大大提高粉丝群体的关注度，这也是比较常态化的视频运营技巧。

在我们掌握了如何做好优质短视频内容,以及投放视频技巧的同时,也不要忽视勤劳运营的重要性。只有用心经营这个账号,不断优化运用技巧,才能够将课程短视频的账号做得越来越好。

11.3 建立爆款视频库

在建设知识付费赛道核心模型的过程中,有非常重要的一步,即建立爆款视频库。什么是视频库呢?视频库是指用于管理视频数据,并且可以为用户提供基于内容检索的工具。

在本节中,我们会深入了解最常见的 4 种爆款数据库,以及做课者应如何运用它们进行课程短视频的创作。

为什么要建立爆款视频库

一般来讲,视频库分为两大类,一类能够为用户提供基于信息内容的检索,另一类可以为用户提供基于声视内容的检索。

在短视频运营中,视频库十分重要,可以帮助运营者更好地管理自己的视频创作。那我们又为什么要建立爆款视频库呢?

大家可以设想一下,当我们发布一条短视频之后,再次或者多次发布与这条短视频内容相似的视频时,我们往往会十分担忧这种情况:观看短视频的粉丝会不会觉得我们一直在发布同一个话题的短视频?

这时候,我们的思维已经陷入了误区。

许多视频创作者都以为用户会像看连续剧一样去看我们发布的视频,而事实并非如此。如同我们自己在看抖音短视频的时候,往往都是"刷到哪条看哪条",除非用户对我们的内容特别感兴趣,否则他们只会随心"刷"而已。因此,我们以前发布的爆款视频,以后依然能发,只是需要在发布这些视频的时候做一些小小的改动而已。

为了避免素材的损失,我们需要建立一个视频库来积累自己的爆款视频素材,这样也可以省去我们寻找新的短视频素材的时间和精力。在制作课程短视频时,我们只需要把视频素材库的视频拆解出来,进行重新组装。

例如,套用同一个文案,给画面转换一个背景;或者给画面里的人物换一套衣服,同样再把这段视频拍摄一遍。这种情况下,该款视频的数据依旧能够取得较好的成绩。如表 11-3 所示,是 4 种常见的爆款视频库。

表 11-3 4 种常见的爆款视频库

分类	素材的说明
播放量高的视频库	封面;素材;配乐
涨粉快的视频库	经验类、才艺类;幽默类;家庭类、萌娃类;新奇类、知识讲解类;萌宠类等
咨询多的视频库	找对自己的风格;了解粉丝的喜好;完善视频的逻辑
转化率高的视频库	通过拆解的方式提高产出;积累"爆款素材"

接下来,我们对这 4 种视频库进行详细剖析。

播放量高的视频库

播放量高的视频素材可以帮助我们解决哪些问题呢?它可以同步解决视频封面、素材和配乐等三个方面的问题。首先,如果课程短视频拥有一个极具吸引力的封面,很大程度上决定了观看者是否愿意点进来观看。

用户在浏览短视频的时候,第一感受就是视频封面带来的视觉感受。素材的选择也是十分重要的,如果自己拍爆款短视频的素材,那么需要呈现出清晰的场景以及稳定的镜头。如果不是自己拍摄的，则需要处理版权问题。

最后是配乐。在视频剪辑中，好的背景音乐能够为视频定下基调。同时，音乐是根据视频剧情需要而选择的，这样才能更加增强视频的氛围感。

封面、素材、音乐这三者同步达到最佳，我们才有可能创造出播放量较高的课程短视频。因此建立播放量高的视频库，就相当于我们同时设计了精美的封面，处理恰当的素材以及精彩的配乐。

涨粉快的视频库

以抖音涨粉快的视频素材为例，我们来介绍一下这类视频库能积累哪些资源。首先我们需要意识到，涨粉快的视频是大众接受程度高、可以快速吸引用户人群注意力的素材，主要有以下几类：

①经验类、才艺类。在这个视频库中，创作者往往在某个领域比一般人更加专业，如手工制作、插画、插花制作、茶艺、美食制作等。这些类型的视频可以教给大众一些干货技巧，自然会十分受欢迎。

②幽默类。当代人的生活压力大，需要一些轻松、诙谐的东西来舒缓压力。这个类型的素材可以缓解人们的压力，给人们带来快乐。

③家庭类、萌娃类。这一类型的视频素材吸引的粉丝群体多是家庭主妇等，基数十分庞大。

④知识讲解类、新奇类。在这种视频库中积累的素材，大多是内容新颖、在日常生活中不常见到的知识讲解，也可能是日常生活中某些

第 11 章
建立知识付费赛道核心模型

常见工具或者产品的隐藏功能介绍或技巧教学。对于喜欢猎奇的群众来说,吸引力十足。

⑤萌宠类。喜欢美丽、可爱的动物是人类的天性。如果不想本人出镜,那么分享宠物的日常也是一个迅速的涨粉方式。

总而言之,建立涨粉快的视频库最大的优点就在于它能积累更加全面的素材,几乎兼顾了各种类型用户的喜好,可以保障我们创作的课程短视频能够被大多数人所接纳,甚至能获得更好的数据流量。

咨询多的视频库

从字面上理解,咨询多是指用户对内容比较感兴趣的视频素材,用户能通过这条短视频素材,询问短视频创作者相关的问题。积累这类素材不需要过多,视频库里应准备 20～30 条。

当粉丝通过这些短视频对我们进行提问时,我们就能根据这些问题,拍摄相应的作品,使相关作品更受粉丝的欢迎。

转化率高的视频库

最后一种视频库类型——转化率高的爆款视频库。

转化率高应该如何理解呢?转化率高就是产出高。一个爆款视频的素材是有限的,短视频创作者不可能持续产出大量素材完全不同的爆款视频,但我们可以通过拆解等方式提高爆款视频的转化率。

例如,我们依然套用某一个素材的背景,这时只需要换掉这个背景画面的文案,或者将背景中的人物稍作修改依然能达到变成爆款短视频的效果。那么,这些素材就可以称之为"爆款"素材,转化率高的爆款视频库主要积累的就是这些"爆款"素材。

课程短视频的制作和推广是课程运营不可或缺的一环。因此，做课者需要学会建立一个爆款视频素材库，为课程短视频的制作提供源源不断的素材。

11.4 坚定 4 个运营心法

在掌握了击破视频运营"流言"的技巧，以及一定的账号运营方法和建立爆款视频库等技巧之后，我们还需要坚定 4 个运营心法：视频要更新、"爆款"需迭代、重复地转化、投放有技巧。

在本节中，我们将带领做课者进入建立知识付费赛道核心模型的最后一个环节——运营心法。

视频要更新

做课者在创作课程短视频时，在有时间保障的情况下，要选择"日更"视频。

"日更"视频有 3 大好处。

（1）"日更"可以帮助我们更有效率地找准风格和方向。

几乎每一位短视频运营者在拍摄视频之前，都会面临这些问题：我该选择哪个方向创作视频？哪个风格才适合我的账号及售卖的课程？

确定方向最直观的方法就是根据用户反应，看看他们是否喜欢我们的视频，以及对视频的接受程度如何。如果账号更新短视频的速度很慢，如一周、一个月才能发布一条视频，那么根据视频效果来验证方向和风格的战线就会被大大拉长。如果我们选择"日更"的方式更新短视频，那么我们就可以用最低的成本、最快速、最效率地获取用户的观看数据，并以此来帮助我们找到自己的风格。

（2）"日更"十分有利于维护粉丝的活跃性。

在短视频运营行业中，粉丝的支撑很大程度上决定了我们可以取得的成就，"日更"可以增强账号所有者与粉丝之间联系的紧密性，能够更好地激活粉丝群体。

（3）更快地跨过新手阶段的门槛。

无论是哪个行业，在最开始工作时，我们都需要度过新手阶段。众所周知，短视频行业是一个更新速度极快的行业。如果我们不快速度过自己的新手阶段，那在正式的短视频"耕耘期"上取得收益的过程就会十分漫长。

通过"日更"的方法，我们可以更快地熟悉操作，从而迅速度过新手阶段。基于这些好处，做课者需要明确短视频"日更"的道理。通过日常课程短视频，获得课程短视频的高效运营。

"爆款"需迭代

短视频更新迭代迅速，对于账号的爆款视频，我们也需要经常性地更新迭代，这里我们需要分别从用户和自身两个方面进行分析。

（1）从用户方面分析。

根据用户的反馈情况进行大数据统计，根据所统计的数据将自身的优势放大，同时削弱劣势的影响。一般而言，我们会选择用提问的方式了解用户反馈。虽然这是个非常有效的方法，但前提是我们要学会将提问的效果最大化。

具体体现在：提前预设提问范围是用户都知道的事情，但是我们同时还要注意给出用户选择的选项不能太少，给出的选项越多、越详细，我们能从中获取的信息就越丰富。与此同时，根据优先级来处理也是不错的方法。

我们都知道对于短视频运营者来说，核心粉丝无疑会比普通用户更加重要，就像同样是观看一个短视频，核心粉丝带来的收益会比普通用户高好几倍。

因此，在我们调查用户体验的时候，可以优先重视核心粉丝群（如"达人粉丝"）的意见，因为他们都是高黏性的用户。对于黏性较低的用户和路人粉，可以暂时将他们的需求往后安排，但同时也要耐心倾听每一位粉丝的意见。对于要处理问题可以划分优先级，但对粉丝的态度需要一视同仁。

（2）从自身方面分析。

课程短视频内容的迭代需要循序渐进。做课者需要解决的最大问题是给用户更加流畅的观看体验。解决这个问题的最好方式是阶段性地替换内容。

如果遇到改动较大的地方，我们需要在视频中反复插入新版素材进行调试，争取将视频的流畅度优化至极点，给用户最佳的观看体验。

这是一个慢工出细活的过程，需要做课者倾注更多的耐心。

重复地转化

短视频需要重复地转化，那么重复转化的核心技巧是什么呢？重复转化即将短视频的内容进行微迭代。

许多新账号的运营容易忽略掉这一点。当爆款视频资源库中积累的素材达到 30～40 条的时候，做课者对自己的风格将会产生较为清晰的认知，对粉丝喜好也会进一步了解。在我们的视频中，应当存在其他短视频运营者所没有的素材，这个就是在重复转化过程中，我们积累出来的爆款素材的核心元素。

只有坚定这个运营心法，我们才能坚持创作属于自己风格和个性的短视频，并为粉丝所喜爱。

投放有技巧

短视频的投放是做课者在运营课程短视频中重要的环节，我们在上一章中具体阐述了短视频的推广投放工具的应用策略。

除此之外，在进行短视频投放时，还需要一些其他的技巧。

首先，最常采用的投放技巧，是将短视频进行多平台的同步投放。这样可以将短视频以最低的成本、最高的效率推送给更多用户群体，起到宣传的作用。

其次，我们需要通过有技巧的投放，来提高短视频的点赞数和评论量。

试想一下，当我们在平台发布了一条短视频之后，可能视频本身已经打磨得非常完美了，无须再进行过多润色。如果数据过低，这条短视频将很难引起用户的注意。

此时，我们可以通过将视频投放给老用户、资深粉丝等对账号的短视频关注度较高的人群，尽快提升自己的点赞和评论基数。

最后，需要通过投放技巧，提高账号的粉丝数量。

一般情况下，在短视频取得一定的点赞数和评论量之后，较为正规的运营平台都会给我们推送"粉丝模型"。我们需要有选择性地鉴别"达人粉丝",将账号的短视频投送给他们,那么我们的粉丝数就会有一个量的飞跃。

本章小结

1. 建立知识付费赛道核心模型需要打破5个"流言",它们分别是:养号"秘籍"、潜在流量入口、内容被"限流"、培养传统电商思维、多刷平台。

2. 获取流量的4个步骤可以总结为一个公式:流量＝内容＋方法＋勤劳＋高效运营。

3. 视频库可以分为4大类,即播放量高的视频库、涨粉快的视频库、咨询多的视频库、转化率高的视频库。

4. 在短视频运营中,爆款视频库十分重要,可以帮助运营者更好地管理自己的视频创作。

5. 做课者需要坚定4个课程短视频的运营心法:视频要更新、"爆款"需迭代、重复地转化、投放有技巧。

第 12 章
课程的录制、呈现与短视频剪辑

这是一个"酒香也怕巷子深"的时代，一个人的内涵需要通过巧妙的呈现方式才能得以彰显，正如爱情描绘的那样——始于颜值，陷于才华，忠于人品。没有最开始的"一见倾心"，内涵再怎么深刻，也难以打动人心。做线上课程亦是如此。

没有一个精彩的展示过程，无论课程的内容多么深刻，多么精妙绝伦，可能都很难得到好的传播。因此，为了做好线上课程以及相关的短视频，课程的录制与剪辑就显得尤为重要。

事实上，只要做课者愿意下功夫，课程视频的剪辑与呈现并不是一个难题。找对方法，人人都可以录制、剪辑出精彩的课程视频。那么，课程视频应该如何进行录制和剪辑呢？

在本章中，我们将详细介绍如何准备课程的录制以及短视频剪辑的相关技巧。

我们将从介绍课程录制前需要提前准备好的工具和设备入手，循序渐进地帮助大家了解景别、运镜、构图、景深 4 类相关的拍摄技巧。

同时，本章内容还将视频剪辑的 10 种核心技巧浓缩为"532"快速学习法，帮助大家熟练掌握视频剪辑的相关技巧。

最后，读者还能在本章内容中学到多元剪辑的创作技巧。

12.1 课程的录制与呈现

做课者在录制课程的时候，最大的困扰就是如何拍摄才能让课程视频呈现出自己最满意的状态。如果课程视频不够吸引用户，不能激发用户学习的兴趣，那么线上课程将无法将自身的价值传播给更多的人。因此，课程的录制与呈现就显得十分重要。

在本节内容中，我们将主要介绍如何通过器材的选择，更好地呈现短视频效果；景别、运镜、构图、景深4类拍摄技巧；如何运用多机位技巧来无缝衔接课程的画面，使课程的影像充实、丰满。

课程录制的器材选择

在选择课程录制的器材之前，我们需要了解合适器材的重要性。

试想一下，假如有一部票价为30～50元的电影，你兴冲冲地买了票去电影院观看，结果发现它是用手机拍摄的，画质十分模糊，抖动也十分厉害，你会不会气愤地想让电影院退钱呢？

对于录制一门课程的视频来说，录制器材的选择是基础。消费者花钱，是为课程的质量买单。选择合适的器材和设备，做课者录制的课程视频无疑就有了质量保证。依据个人需求、预算以及投资成本等因素，设备可分为入门设备和升级设备,如表 12-1 所示。

表 12-1 课程录制设备的介绍与对比

项目	入门设备	升级设备
拍摄设备	手机	相机
辅助支架	手机支架	相机三脚架
稳定器	手机稳定器	相机稳定器
灯光设备	—	LED 灯
声音设备	普通收音麦	高品质收音麦

接下来,我们将就入门设备和升级设备分别进行具体介绍。

(1)入门设备。

一部手机是必不可少的入门设备,可能有的入门者会考虑哪个品牌的手机更好。其实这不是绝对的。

有了手机之后,我们还需要一个手机支架,这样在拍摄一些特殊场景或者外景的时候会方便许多。在没有摄影师的情况下,我们还需要自己动手拍摄,这就需要用到手机稳定器这个设备了。稳定器可以让手机拍摄出来的画面质量更好,更有保障。

在保证画面质量的同时,我们也不能忽视课程的声音质量,这就需要借助收音麦工具。收音麦的品牌有很多,做课者可以根据自身需求购买使用。当然,这些入门设备仅仅能够满足课程拍摄最基本的需求。随着做课的深入,我们期待的课程视频的品质也会越来越高。此时,我们可以根据自身需要购入一些升级设备了。

(2)升级设备。

最基础的升级设备自然是相机。预算充足的情况下,我们可以选择品质较高的相机。跟稳定手机拍摄一样，我们也需要相机三脚架和相机稳定器等设备来固定相机。除此以外，做课者要注意课程录制时的灯光。

无论是视频还是摄影，都是"光影"的艺术。光可以让所有画面都显得立体，有亮部、灰部以及暗部的区别。新手做课者可以通过打开家中的灯光和后期制作来调试，但想要追求画质的提升，还需要用到LED灯。

最后，还要讲讲收音麦，想要优化音质的话，尽量尝试一些知名度较高的收音器品牌，它们的品质都比较值得信赖。

4类课程拍摄技巧

在录制课程时，做课者需要运用一些基本的拍摄技巧。拍摄技巧主要有4大类：景别、运镜、构图及景深。这4类技巧如表12-2所示。

表12-2　4类基本的拍摄技巧

拍摄技巧	说明
景别	远景、全景、中景、近景、特写
运镜	推、拉、摇、移、跟
构图	布局；用户观感；"井"字构图
景深	远景—虚、中景—实、前景—虚

下面我们就针对这4类技巧，分别做简要介绍。

（1）景别。

我们设想一个场景。一队人在外游玩，同行的女生会比较喜欢拍照。这时候，男士们往往会从她们的口中听到"相机拉开一点，拍个全景""给我眼睛来个特写"这类话，这就涉及景别了。

景别是指当焦距一样的时候，由于摄影机与被摄体[一]的距离不一样，从而导致被摄体在录像中所呈现出的范围、大小不同。以人体为例，按照从远及近的顺序，景别可以分为5种，如图12-1所示。

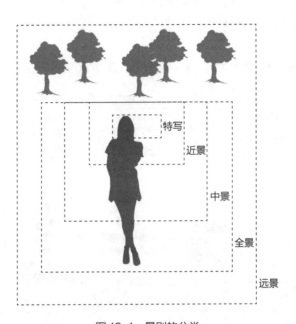

图12-1 景别的分类

①远景：被摄体所处环境。

②全景：人体的全部和周围部分环境。

③中景：指人体膝部以上的画面。

④近景：指人体胸部以上的画面。

⑤特写：指人体肩部以上的画面。

合理交替运用各个景别，可以让视频更有艺术感染力，让画面更加丰

[一] 用照相机拍摄的对象物体。单称被摄体是指用相机能拍摄的所有景物。

富,观赏性更强。

(2)运镜。

对于做课者而言,运镜需要掌握推、拉、摇、移、跟这5种基本技巧,具体的操作技巧如下所示。

①推:利用这种技巧,可以起到突出拍摄主体的作用,如图12-2所示。

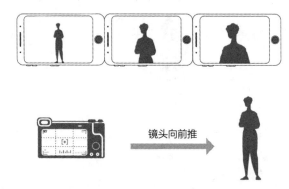

图12-2 推镜头技巧演示

②拉:拉镜头可以突出画面的氛围感,起到突出场景的作用,如图12-3所示。

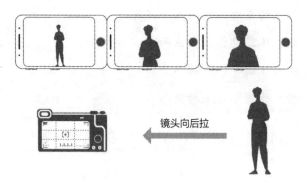

图12-3 拉镜头技巧演示

③摇：摇镜头技巧的关键就是原地不动，逐一展示镜头前的场景，让画面更有代入感，如图12-4所示。

④移：对于移镜头技巧，我们需要做的是保证手机的直线移动，可以选择横向或纵向等两种方向，保证画面不要有凌乱感，如图12-5所示。

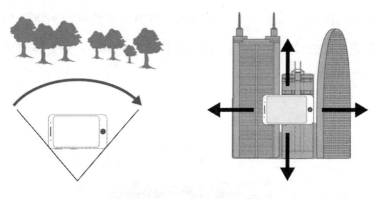

图12-4　摇镜头技巧演示　　　　图12-5　移镜头技巧演示

⑤跟：跟镜头需要我们确保拍摄机器和主体是同步运动的，拍摄对象在画面中的比例一直保持稳定，以增强画面的代入感，如图12-6所示。

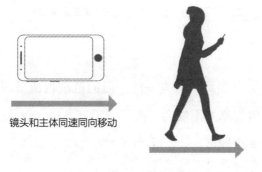

图12-6　跟镜头技巧演示

（3）构图。

要想让构图更加精巧，我们就要从布局入手，了解用户观感。

什么是用户观感呢？

所谓"用户观感"，其实就是我们想要传递给用户的信息。每一位视频创作者想要让别人看到什么，想表达什么，都可以通过精巧的构图来展现。

最常用的画面构图是"井"字构图，其原理是将画面用字分割，将我们想要呈现出的主体放在"井"字的四个交叉点中间，使主体的形象凸显出来，如图12-7所示。

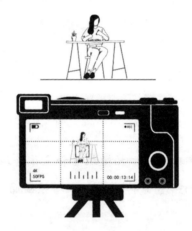

图12-7 用"井"字构图的方法拍摄课程视频

（4）景深。

景深是在镜头聚焦后，焦点一前一后的范围内所呈现的清晰图像的距离。这个概念理解起来并不复杂，我们只需要掌握"远景—虚、中景—实、前景—虚"这个要点即可。

如何理解呢？

假如我们正在拍摄一位老师讲课的画面。我们把老师的形象作为中景，他的形象及轮廓是清晰可见的，即为"实"。老师前面桌子上的摆设（如书本、电脑），以及老师后面的背景（如书架）会稍稍显得模糊，即为"虚"。

通过远景、中景、近景的"虚实结合"，使画面显得立体、深邃，从而具有生动感。同时，我们还要掌握光圈、镜头及拍摄物的距离等这3个重要因素，如下所示：

① 光圈越大（光圈F值越小），景深越浅；光圈越小（光圈F值越大），景深越深。
② 镜头焦距越长，景深越浅；反之，景深越深。
③ 主体越近，景深越浅；主体越远，景深越深。

最后，我们再介绍一个工具：安全框。无论是影视系统的模拟传输，还是数字传输，都存在实时数据信号损失这一状况。不管是哪种情况，实际传输的画面最终反映到终端屏幕上，都会有很大可能小于标准画面。

在安全框的帮助下，我们可以保证画幅范围适中，将信息损失降到最低。

多机位拍摄

为什么会需要多机位拍摄呢？

我们可以设想一下，如果做课者需要制作一节线上课，当他想到这节课要面对几百人甚至上千人的时候，讲课时难免会紧张，此时就需要提词器。

如果只有一个机位的话，那么做课者的一些小动作会表现得很明显，会招致听课者的怀疑，怀疑课程是否具备专业性等。为了使听课者拥有舒适的听感，这时就需要采用多机位拍摄的机制。多机位拍摄，是使用两台或两台以上摄影机，同时对同一场面做多角度、多方位的拍摄。

这样可以收集到更全面的画面资料，用于后期剪辑的资料也就会更多。在丰富了画面、转换角度的同时，录课老师的状态也会更好。做课者只有将课程录制好，才能将有价值的课程内容呈现给用户（听课者）。因此，做课者需要重视课程的录制工作，并将本节的技巧运用到实际的课程录制当中。

12.2 剪辑短视频的 10 种核心技巧

在上节内容中，我们介绍了课程录制的器材准备和呈现方式等内容。课程视频录制结束之后，还有很重要的一个环节——剪辑课程短视频。

通过对课程的剪辑，我们能够把课程中的金句和要点提炼出来，把素材变成成品，达到推广课程的目的。

在本节中，我们将展开介绍课程短视频剪辑操作的 10 种核心技巧。我们可以把这 10 种剪辑技巧总结为"523 法则"。首先，我们先来学习"523 法则"中的"5"，即 5 步快速出片。

5 步快速出片

5 步快速出片，可以总结为"剪、面、字、音、布局"5 个步骤。从字面上来看，这句话很好理解：

剪，指视频的剪辑；

面，指封面，也称为做片头；

字，指制作短视频的字幕；

音，分成两个部分，一部分是声音，另一部分是音效；

第 12 章
课程的录制、呈现与短视频剪辑

布局,指画面的整体布局设计。

接下来,我们按照这 5 个步骤分别叙述。

(1)剪:剪辑视频。

视频剪辑,就是通过择、取、舍和组接大量的素材,最终合成一个能传达创作者意图的作品,是视频创作中非常重要的一部分。

它不仅仅是加字幕、配音乐那么简单,更重要的是镜头转换的流畅性,让听课者可以有一种自然、连贯、一气呵成的听课感受。我们最后的剪辑效果就是要达到叙事与画面双重功能统一的效果。

剪辑课程短视频时,我们可以运用"后三前三"的衔接技巧。在学习这个技巧之前,我们先来学习拍摄帧数的概念。1 秒钟的视频由多少帧画面组成呢?

答案不是固定的,可能是 24 帧,也可能是 8 帧。

像老动画片,如《阿凡提的故事》就是 8 帧的动画。1 秒钟只播放了 8 张图片,就会出现画面不够顺畅的情况,所以这种帧数的画面延迟感比较强。用一般的手机录制剪辑,1 秒的帧数是 25、30、60 帧。

所谓的"后三前三"就是在跟后一段素材衔接的时候,在中间留 3~5 帧的空画面,这样使视频看起来更顺畅、自然,整个视频的节奏感也会更强一些。这种情况可能适合录口播视频,因为口播视频的画面背景都不动,运用这种衔接技巧,就可以让视频画面更生动、自然。

当然,在室外录制视频依旧可以使用这种方式来剪辑,以此达到让片子更紧凑的效果。

(2)面:设置封面。

一张完整的封面需要具备哪些因素呢?

主要有3个：选图、标题、布局。

我们以剪映为例，详细介绍设置封面的3个因素。首先，我们需要在短视频中选择上传或截取相应的封面，在选好相应的图片后，需要起标题，有一级标题、二级标题和三级标题等。

最后我们需要关注封面的布局。

布局影响人物角色或产品在封面当中的位置。此时，我们需要考虑人物应该放在哪里，产品应该放在哪个位置上等。如果封面还需要出现商标，商标又应该放在哪里等。照片上传后，我们又该如何设置封面呢？

这里有两种方法：

第一种是剪映自带的功能，在时间轴旁边有一个"设置封面"键，直接点击"设置封面"，就可以在视频或者上传的图片中选择封面了。

如果是通过视频截取的方式，我们可以从中截取一帧作为封面；如果是照片的话，就可以提前做好封面，直接来选择。

相比而言，从视频中截选封面更为复杂，相较于其他剪辑工具，剪映可以直接给出封面选择的模板，并且可以添加文字。

处理剪映自带的封面，我们还能利用"定格"这个功能：

将视频画面拖动至我们选中的那一帧，然后我们在这下面会找到"定格"的功能，点击"定格"功能；

接着，时间轴上就会直接出现停留时间为3秒的一张照片，我们可以把这3秒的照片拉到3~5秒，就像"黄金5秒"一样，可以给人最舒服的观感。

我们在剪辑的过程中，还需要通过不断的调试，去找到最佳状态。

（3）字：制作字幕。

在视频剪辑中，字幕的重要性往往会被忽略。视频中的字幕大致可分为 3 类：基础字幕、关键词、标题。

我们可以举一个例子。

如果是做书法教学的老师，想要吸引一些对书法感兴趣的用户，那基础字幕就可以用一些书法字体，虽然不练书法的人没法完全看懂，但是只要练书法的人，他一定能看得懂，并且会十分感兴趣。

如果是一位男士讲课，视频中的字幕就可以配一些比较粗犷、狂放的字体。如果是一位穿着旗袍的女士在跟大家讲知识内容，那基础字幕就可以配一些较为柔美、婉约的字体。

①在添加字幕的过程，我们需要注意版权问题。

常见的免费商用中文字体有以下几类，如表 12-3 所示。

表 12-3 常见的免费商用中文字体

序号	具体字体
1	思源系列：思源黑体、思源宋体、思源柔黑、思源真黑
2	阿里巴巴普惠体（包含 5 个字重）
3	华为 HarmonyOS Sans
4	魂全系列（公司已购买过版权）
5	全字库系列：全字库说文解字、全字库正楷体、全字库正宋体
6	文泉驿全系列：文泉驿等宽正黑、文泉驿等宽微米黑、文泉驿微米黑、文泉驿正黑
7	优设系列：优设标题黑、优设好身体
8	其他字体：杨任东竹石体、装甲明朝体、源界明朝体、麦克笔手绘、Line Font 超极细字型
9	站酷系列：站酷酷黑体、站酷高端黑体、站酷快乐体、站酷庆科黄油体、站酷文艺体、站酷小薇 Logo 体、站酷锐锐体、站酷彤彤体、站酷妙典和风体、站酷庆科追梦体

关于字体版权，我们还要注意以下几点：

- Windows系统内置的楷体、行楷、宋体、仿宋、黑体、隶书、魏碑、粗圆、中圆、幼圆字体版权属于中易。关于它们是否可以商用，说法不一。建议不要在对外宣传物料上使用这几种字体。

- macOS系统内置冬青黑体简体中文版权属于大日本网屏公司；兰亭黑字体版权属于北大方正。建议不要在对外宣传物料中使用。

- 稿定设计、Canva和创客贴等在线设计平台上提供的不全是免费商用字体，建议导出设计物料前先阅读平台的商用版权协议。

- 通过ifont、字由等软件使用的字体是否能够商用存在争议，建议在对外宣传物料中不要使用。

②视频内容的标题。

标题能告诉用户，这个视频主要讲了什么内容。另外，我们需要给关键词特别标注。通过这种方式来让观看的人快速、准确地了解到视频着重介绍了什么。

重视字幕的制作并不意味着要将字幕装点得花里胡哨。我们的画面上都会存在安全框，一定要注意我们的字幕必须在安全框内，否则会使课程视频的画面显得杂乱无章。

（4）音：声音和音效。

一般情况下，背景音乐的音量可能是比较小的，也可能是适中的。

而最大音量的音效一般会随同较为关键的画面出现。譬如，当讲到重要的部分，背景音乐可能就会从较为平缓的音效忽然转成"噔噔"这样的音效。

在学习声音处理时，很多人会有这样的疑问：我到底用什么样的音乐会比较好呢？我剪辑的短视频的调性是什么，是节奏很快的卡点，还是缓慢的卡点呢？其实，有关这些方面的考量都取决于我们想要表达哪种情绪，想要呈现出哪种风格的片子。

在一些短视频平台上，音乐跟音效等的功能已经成熟，我们可以直接找到分类齐全的配乐，有治愈类、美食类、严谨类等配乐。做课者可以根据短视频的情绪和基调，选择相应风格的配乐。

（5）布局：画面布局。

布局也可以进行"二次创作"，即布局的"二次创作"。这里我们需要用到剪映中的旋转、倾斜、裁剪3个功能。

一般的情况下，我们也可以直接点击视频，进行画面的放大或缩小。但是如果这样操作，后期做剪辑时，我们就会发现存在部分画面不到位的情况，这就需要我们来进行二次布局了。

3种成片润色法

通过5步快速成片之后，我们应该如何对课程短视频进行进一步的润色呢？接下来，我们来学习"532法则"中的"3"，即"调、贴、转场"3种成片润色法。

（1）调：调试画面。

我们需要调试的主要有调色和美颜等两个部分内容。首先是调色，调色前后，我们需要明显地压出暗角来让主体变得更亮一些。可以通过调节亮度、对比度、光感、锐化、暗角等数据来突出主体。

至于美颜方面，绝对不可以过度磨皮。过度磨皮会让画面显得不自然，我们可以适当运用美白、亮眼、瘦脸、白牙等效果，让讲课者以及整体的画面看上去更加自然，给观者带来更好的观感。

（2）贴：贴纸。

贴纸就是最简单的一部分了，我们只需要根据自己的需求，在剪映或其他视频编辑软件中找到贴纸功能，让画面变得更加丰富即可。

（3）转场：场景的过渡、转换。

段落和场景之间的过渡或转换，就是转场。转场可以让两个画面之间的转换变得更加自然。至于技巧，直接套用合适的剪辑模板就好。

两个"大咖手法"

上文的3种成片润色，是需要很多积累的，是一个极其考验耐心的工作。若做课者想要使课程短视频的质量更上一层楼，则还需要掌握两个"大咖手法"，这也是"532法则"中的"2"。

（1）动：动画。

动，指的是动画，好的动画一般来说都是比较贵的，因为需要时间制作，添加素材，插入贴纸、关键帧等众多需要自己制作的素材。这些素材需要吸引观众的注意力，让他们的思路跟着做课者的思路走，制作起来较为复杂。

（2）片尾：片尾的处理。

完整的视频离不开一个好的片尾。一般来说，片尾就是一个点赞互动的收尾。在这个过程中，我们需要运用蒙版、贴纸、文字入场动画等完成文字动画和路程动画等两个方面的内容。

一般做法是直接用蒙版工具切出一个圆，再用贴纸工具，将贴纸调成刚好跟圆的大小一模一样，再用到一个文字功能，做好文字入场动画就可以了。

12.3　多元剪辑手法的创作技巧

剪辑是视频制作环节当中的重中之重。本节内容，我们再来补充一下多元剪辑手法的创作技巧。

爆款视频的"二次创作"

何为"二次创作"？建立在已发布视频的基础上，再次进行的创作。

因为已经在平台上发布过一次了，所以数据会好一些。我们通过"二次创作"，给予这些素材再次曝光的机会，以创造更好的数据。此外，多条视频的"混剪"技巧也是值得学习的。

以预售期的带货视频为例，如果我们想要进行混剪，最值得注意的是音频混剪。前面1分钟以内，讲的所有内容都是与产品是相关的；后面的时间则讲产品预售期。

我们的做法是把与预售期不相关的信息剪掉，把时间轴再放大，放到最大之后，将音频卡点插入，从而完成"混剪"。

片尾剪辑详解

片尾部分主要需要注意的是引导用户点赞、加关注。

（1）点赞：用蒙版工具切出一个圆，再用贴纸工具。将贴纸调成刚好与圆一模一样的大小，再用到一个文字功能，做好"点赞"字样的入场动画。

（2）加关注：添加贴纸和设置入场动画的步骤同点赞一样，但二者的贴纸的时间差可以进行稍微的调整。

本章小结

1. 完美的课程录制需要准备好合适的录制器材。
2. 景别、运镜、构图以及景深 4 类课程拍摄技巧可以帮助短视频呈现出更好的质量。
3. 掌握剪辑操作的 10 种核心技巧，即"532 法则"：

"5"代表 5 步快速出片，可以总结为"剪、面、字、音、布局"5 个步骤；

"3"代表"调、贴、转场"3 种成片润色法；

"2"代表两个"大咖手法"，即"动、片尾"。